不正经的科学

对那些 古怪问题 的另类研究

修订版

［法］皮埃尔·巴泰勒米◎著　　［法］玛丽昂·蒙田◎绘　｜　郑立敏◎译　｜　魏舒◎审校
Pierre Barthélémy　　　　　Marion Montaigne

La science
improbable du
Dr Bart

人民邮电出版社
北京

图书在版编目（ＣＩＰ）数据

不正经的科学：对那些古怪问题的另类研究 ／（法）
皮埃尔·巴泰勒米著；（法）玛丽昂·蒙田绘；郑立敏
译. -- 2版（修订本）. -- 北京：人民邮电出版社，
2021.7（2024.1重印）
ISBN 978-7-115-55761-2

Ⅰ. ①不… Ⅱ. ①皮… ②玛… ③郑… Ⅲ. ①科学知
识－普及读物 Ⅳ. ①Z228

中国版本图书馆CIP数据核字(2021)第079081号

版权声明

◆ 著　　　　[法] 皮埃尔·巴泰勒米（Pierre Barthélémy）
　 绘　　　　[法] 玛丽昂·蒙田（Marion Montaigne）
　 译　　　　郑立敏
　 责任编辑　李　宁
　 责任印制　陈　犇
◆ 人民邮电出版社出版发行　　北京市丰台区成寿寺路 11 号
　 邮编　100164　 电子邮件　315@ptpress.com.cn
　 网址　https://www.ptpress.com.cn
　 北京虎彩文化传播有限公司印刷
◆ 开本：880×1230　1/32
　 印张：6.625　　　　　　　　　2021 年 7 月第 2 版
　 字数：124 千字　　　　　　　2024 年 1 月北京第 3 次印刷
　 著作权合同登记号　图字：01-2016-1195 号

定价：49.80 元
读者服务热线：(010)81055410　印装质量热线：(010)81055316
反盗版热线：(010)81055315
广告经营许可证：京东市监广登字 20170147 号

内容提要

胡须是上好的防晒霜吗？你会听机器人的话吗？玫瑰好闻跟它叫"玫瑰"这个名字有什么关系？想增肥就跟胖子一起吃饭？我们会从双脚被灌醉吗？从心理学、医学到经济学，还有生活的各个方面，为了这些看似很可笑的以及其他许多相当古怪的问题，研究人员以认真的态度和科学的方法，花费了不少时间和精力去寻求答案。这是继法国《世界报》科学副刊中《不正经的科学》专栏的两本大获成功的合集之后，巴尔博士再一次给我们带来的不可思议的新研究！

本书配有法国漫画界的爆笑"科学家"的漫画插图，让你在哈哈大笑中轻松地享受科学"甜品"。

编辑的话

本书作者在"这是序曲"中提到的"不正经的科学"系列的前作是《屎壳郎最爱哪种粪便：51个不正经的科学实验》和《一本不正经的科学》。这两本书中介绍的那些科学实验让作者的博客人气暴涨，大受欢迎。一如既往地，我们这本书的行文带着前两本里生活气息浓厚的法式幽默，开着关于科学的玩笑，自嘲、反讽、调侃、嘲弄、语义双关，还有一点愤世嫉俗。有的时候你得好好读一读，想一想，感受一下那种黑色幽默的范儿，才能明白字面下作者想要表述的观点。考虑到文化的差异，本书的译者加了不少注释，希望能帮助你理解其中的含义。

本书中的几十个妙趣横生的实验和研究出自世界各地的研究者之手。当然，其中有些"研究文章"，我们的巴尔博士说了，真的有必要加上引号，不知道你能不能领会他的暗示。如果不能，那就多读两遍吧。总之，你会发现，原来科学可以这样"不正经"！这也是作者写作的目的：无论多么荒谬离奇的问题，科学都能解答！希望你在捧腹大笑之后，能认真思考一下科学的真正意义。

目 录

这是序曲

好了，现在你手中拿的就是我的"不正经的科学"系列的最新作品了。错过前两本的朋友真是太可惜啦，尽管之前有人认为我讨论的主题太过荒唐，甚至质疑到底有没有出版的必要，但其实"不正经的科学"涵盖了众多十分正经的科研成果。这本书所涉及的研究课题，在证明研究人员并没有被剥夺幽默感的同时，尽可能地给予了每一个怪诞的问题最科学的回答。

不过，想要真正界定"不正经的科学"，最好还是从本领域的年度大聚会——"搞笑诺贝尔奖"中选取几个例子吧，这是一个拿诺贝尔奖开玩笑的奖项。排除自视甚高这一嫌疑，与它的榜样——声名赫赫的诺贝尔奖相反，"搞笑诺贝尔奖"的一大特点是没有固定奖项。此外，相比于搞笑诺贝尔化学奖的空缺，人们似乎能更心安理得地接受搞笑诺贝尔奖中北极科学奖的长期空白。不过2014年后者终于有了归属，颁给了一对挪威夫妇，他们研究的是斯瓦尔巴群岛的驯鹿遇到人类假扮的北极熊时的反应。好吧，这些极寒地区的人有时确实是够无聊的。

在这本先引人发笑后引人思考（至少30秒）的研究宝典中，

你们一定会注意到一个日本团队始于 2012 年的研究——人的一只脚踩在香蕉皮上时，香蕉皮与地板间的摩擦系数是多少。研究人员发现，3 个因素的共同作用使实验数据变动频繁，难以控制，像涂了油的相扑运动员一样滑溜。不过，这次搞笑诺贝尔物理学奖颁给日本科学家也是很公平的，毕竟香蕉皮的摩擦特性研究涉猎了整个岛国的多项科学研究，往远了说，甚至能影响到日本人对花样滑冰的热情。什么时候办一场"香蕉上的假日"呢[1]？

我们就不一一回顾搞笑诺贝尔奖的各项殊荣了。尽管如此，还是有必要提一下神经学奖，这是一项华裔科学家的研究，致力于搞清楚为什么烤土司片被取出来的时候，烤焦的区域会浮现出耶稣的脸，人们的大脑里到底发生了什么。这些烤焦的区域想表达什么？请动嘴吧，这是我的身体？来点儿黄油？果酱？或者黄油加果酱？至于搞笑诺贝尔医学奖，则被一个美国团队收入囊中，他们成功地解决了一个有凝血困难的孩子鼻血难以止住的问题，办法就是用一条腌肉塞住鼻孔……

我想，写到这里，读者朋友们应该对"不正经的科学"有一个非常好的了解了。本书延续了前作富有逻辑而又搞怪的风格，插图仍由兢兢业业的玛丽昂·蒙田女士执笔，她塑造了那个在某些插图中反复出现的大鼻子巴尔博士的形象。如果拥有敏锐的直

---

[1] 译注：这里借用了美国传统花样滑冰表演"冰上假日"的名字。

觉是你的强项，那你一定能猜到，它正是本书作者的漫画像，也就是我这个混迹在科学记者圈里、不顾一切想在报道中讨论科学的奇葩男的漫画像。

"巴尔博士"的来历比较久远了，它是大约 25 年前，我还在新闻学院读书时候的外号。那时，我是少数拥有显微镜和天文望远镜的学生之一，是少数随时跟进科学研究现状的学生之一，是少数能玩转当时古董级文字处理系统的学生之一，是少数了解"宇宙大爆炸"和"脱氧核糖核酸"等概念的学生之一。这个外号一直跟着我走进了职业生涯，可能是因为我喜欢国际象棋，一种公认的纯数学游戏；也可能是因为开编辑会的时候，我可以第一个算出百分比；又或者（这并非自命不凡）在其他编辑对科学

一窍不通时，我可以给大家来一段有关科学发明的故事……

　　"来一段有关科学发明的故事"，我可不是随口一说。任何一项科学研究都可以是一个美丽的故事。既然出版社向来没有讨价还价的习惯，我很高兴一次为你奉上下面的这些……

皮埃尔·巴泰勒米

小心，"土豆枪"！

如果你正处于青春期的儿子突然对 PVC 管和发胶喷雾产生了浓厚的兴趣，你可千万不要以为他是终于发现了自己的人生目标，想要成为一名不大靠谱的职业认证管道工兼发型师。在网上，有很多"土豆枪"制作攻略。这个名词背后隐藏的可不是一个擅长远射的足球运动员，而是一支纯手工制作的"枪"，"子弹"嘛，自然是……土豆。发胶喷雾一般是丁烷和丙烷的混合物，被灌注进燃烧室后，在空气中的氧气和一颗小火星儿的帮助下就会发生爆炸，进而推动卡在塑料管里的土豆块。现在你就明白为什么你的小宝贝儿最近会对化学课那么感兴趣了。

在法国的法律中，"土豆枪"被认为是第七类武器。很多事故显示，器械也可能具有危险性。我们只在极个别的同类型事件中，发现年轻人的面部痤疮竟然因为面部骨折而莫名其妙地痊愈了。其实我们并不是很想给大家举这位 14 岁男孩的例子：他赢得了急诊室一游的"大奖"，他用脸接住的不是一颗土豆，而是一只青蛙——在痤疮这个问题上，想象力有时也是愚蠢的同义词。结果就是：颌窦和鼻骨多处骨折，"壮观的"面部浮肿，以及眼内两栖动物碎片残留……

2012年,《国际法医学杂志》刊登的一篇文章写道,一个来自德国的医学团队认为,研究人员没有像年轻人那样的对"土豆枪"的鉴定能力是一件非常可悲的事情。当然,科学是不能容忍任何疏漏的,何况是性命攸关的大事。医生们想知道,这些"土豆巴祖卡[1]"真正的危险到底是什么。那还是来测试一下吧!可是,他们立刻就陷入了进退两难的僵局,因为制作"土豆枪"是法律明令禁止的。不过没关系,他们已经搞到手了——拿来了被警察没收的3支。

这些研究人员脑补出这样一幅画面:毫无畏惧的自己化身成资深密探,用自掏腰包买来的土豆一阵疯狂扫射,将一个个活靶子打倒在地。当然,测试是在封闭的靶场内进行的,主要考虑的是尽可能减少对环境的干扰。每支枪只能使用3次,测试目的主要是测定弹射物体(苹果或土豆,一定没有青蛙)的速度,并在弹道学公式的基础上,计算它们对4.9千克重的人脑或成年人胸部的潜在杀伤力。此前已经有人用尸体验证过酒瓶与头颅的碰撞结果,而德国的这个医学团队并不认为将当地太平间派上用场有

> 在痤疮这个问题上,想象力有时也是愚蠢的同义词。

---

[1] 译注:即反坦克火箭筒,巴祖卡是音译。

何意义，又或是有何趣味。

　　"土豆枪"发射"子弹"的平均速度可达 214 千米 / 小时（所记录的最高速度为 297 千米 / 小时）。9 次射击中的每一次都可能导致颅骨、肋骨骨折，肺部撕裂，甚至主动脉破裂。下次兰博[2]弹药短缺的时候，他可以用"夏洛特"[3]嘛。

---

[2] 译注：电影《第一滴血》主角的名字。
[3] 译注：法国的一种土豆品种。

生于笑，死于笑

圣诞节前夕——每年都是相同的时间——"正襟危坐"的《英国医学期刊》（*BMJ*）就会松开领带结，备好节日彩纸屑和蛇形彩带，以及"继母的口舌"：开涮生物医药研究的时间到了，该期刊会用几篇文章——当然还是以科学严谨的态度——占领幽默剧的地盘。既然涉及幽默，2013 年这一季，两位药理学专家费尔内和阿隆宗先生，他们的兴趣落在了一种对人类健康有所作用，却被医学专家们忽略已久的行为上：笑。因此，他们刚刚告别"初中生"的身份，紧接着就晋升为了"大学生"。

两位作者在所发表文章的引言中谈到，《英国医学期刊》自 1899 年之后就再未提及这一问题，当年，意大利的一名报社记者建议给支气管炎患者讲笑话以缓解他们的病痛，因此，一位评论员提出创造一个新词——"gélotothérapie"，即"欢笑疗法"（源于希腊语 gelos，即"笑"的意思）。《英国医学期刊》对这个问题的长期沉默并不意味着科学界的其他杂志就对此置之不理了。于是，费尔内和阿隆宗在研究过程中系统地查阅了两个医学数据库，第一个数据库建于 1946 年，第二个数据库建于 1974 年，唯一的指令和关键词就是 laugh，英语中"笑"的意思。

筛选工作是近乎严酷的。他们剔除了所有关于其他动物该行为的研究文章，像一篇讨论加勒比某种海绵体物种的文章，题目不讨巧地命名为 Prosuberiteslaughlini；还有标题为 Laughing、Laughter、Laughton 或 Mclaughlin 的文章，内容既毫无趣味又与主题无关。经此番筛选后，仍然有 785 篇是研究笑对人类身体健康的利与弊的。

在脱颖而出的第一批文章中我们发现：笑 15 分钟可燃烧 40 卡路里（167 焦耳）的热量；一段不错的笑话就能使扁桃体囊肿破裂，省去了耳鼻喉科医生的手术治疗。两位作者还发现了以色列一个很有意思的实验：请小丑到医疗机构陪伴刚刚接受体外受精胚胎植入手术的妇女，这类妇女的成功率（当然是妊娠成功率）达到 36%，而这一数值在没欣赏到小丑表演的妇女中，只爬升到可怜的 20%。看来，想生孩子还是要多笑啊……

> 一段不错的笑话就能使扁桃体囊肿破裂。

这么说来，社保局是不是该给托托的笑话[1]付费呢？也不尽然，因为欢笑积极作用的另一面，也就是它的消极作用，和它的积极作用几乎不相上下。就拿括约肌非主观性松弛来说吧，在拉

---

[1] 译注：托托的笑话是法语地区的一系列传统笑话，内容简短，一般以少年托托为主角。

丁语中它有一个很"委婉"的名字——翻译过来就是"失禁"。笑掉大牙吧? 虽然话不好听, 却也不是语言上的夸大其词, 因为下颌骨脱臼是一种非常罕见, 但的确是因欢笑而导致的现象。此外, 笑能让人生, 也可能让人死。很多昏厥的案例都是有据可查的, 这一现象被解读为人体对大笑时胸肺部压力增大做出的反应。笑对心血管疾病也有一定的致死率, 有时喉咙在发出哈哈大笑的声音与被"掐断"之间, 只不过隔了听一个笑话的时间而已。

医院里的巧克力更"短命"?

如果节假日别人送你的巧克力还有几盒"健在",那就留着吧,放在家里或者带到办公室去,你可以来做个科学实验。《英国医学期刊》已经给出了实验方法,这是一本非常严肃的期刊,但按照惯例,每年圣诞节前夕它都会"畅所欲言"一次。因此,2013年12月14日,《英国医学期刊》开启了一如既往的"疯癫"模式,刊登了一篇关于医疗机构中巧克力寿命的研究文章。

"研究"之初,有人发现,病人或其家属送给医护人员巧克力的慷慨,源于感谢他们将病人给治愈了(如果病人是家族中的重要人物或遗产继承人,动机就比较复杂了)。然而,文章指出,这些礼物却成为争端的始作俑者,不同工种的医护人员(助理护士、护士、医生……)经常相互指责,认为别人侵吞了自己的那一份。鉴于科学专著不会对这一问题发表什么看法,我们的研究人员决定用英国人的严谨和幽默填补这一领域的空白。

一套严格的实验方案分别在3家医院的4个服务站展开。研究人员自掏腰包给每个实验地点分别买了两盒350克装、不同品牌的巧克力。D-day(进攻发起日,这里指研究开始的那天),大本钟10点的钟声响起,研究人员悄悄将两盒巧克力丢在了护士台,然后躲在不远的地方，手上拿着铅笔和表格，时刻准备着记下这两个盒子何时会被打开，里面的巧克力何时、会被哪一类医护人员"领走"。

监视行动持续了 2~4 小时，也不是那么一帆风顺的，尤其是在候诊室，当有人质问你藏在绿色植物后面到底想干什么的时候，研究人员不得不撒点小谎。文章的作者还说出了他们"迫不得已"撒谎的原因：不能让别人知道医院已经变成了实验室！他不可能征得任何"实验品"（被试，指心理学实验或心理测试中接受实验或测试的对象）的明确同意，因为显而易见，他们每个人都有发胖的风险。

离开前，研究人员清点了盒子里剩余的巧克力数量，"残羹"只能屈从于自己悲惨的命运，与科学失之交臂。数据分析显示，只需 12 分钟左右，盒子就会被打开，第一批巧克力随之迅速消

> 一块巧克力的平均"存活"时间可达 51 分钟。

失。随着时间的流逝，取食的速度会越来越慢，也许是受到被试消化不良的影响，又或是他们心爱的口味被吃光了，这就需要另一个实验来验证了。一块巧克力的平均"存活"时间可达 51 分钟，同时，它最大的"敌人"是助理护士和护士，其次才是医生。

研究人员在结语中指出，正常食用巧克力可以降低患心血管代谢疾病的风险。然而，从实验中可以看到，盒子被取空的速度

过快，导致并不是所有的医护人员都能享受到该有的机构福利。
他们提出了两点建议：鼓励病人和家属更加慷慨，或者给巧克力
生产商施加压力，与巧克力包装盒的"瘦身运动"斗争到底。

狗狗的如厕“指南针”

有些研究人员会有自己偏爱的课题，被他们称为“战马”[1]。伊内克·布尔达就是这样的一个研究人员。这位捷克生物学家相信，像鸽子一样，蜜蜂、海龟以及很多哺乳动物都能感知地球磁场。他先是发现牛群不需要观察火车的行进路线，就可以沿着南北方向行进，就好像牛角或尾巴变成了它们罗盘的指针。随后，在2013年12月27日发表于《生态前沿》的研究文章中，伊内克·布尔达与他的捷克—德国团队将兴趣点放在了另一种家养宠物——狗的身上。研究人员的选择并不令人意外，因为作为人类最好的朋友，狗有一种备受人类称道的能力：如果度假时不巧被“忠诚”的主人遗忘在了高速公路休息区，它们能自己辨别方向并成功找到回家的路。

为了确认“梅多尔”[2]体内是否有“内置指南针”，他们记录了70只分属37个种类的狗采取某些行为的位置，当然了，这其中有两种让动物停下来的行为是最受关注的：解小便（包括频繁标

---

[1] 译注：喜好的事物，小癖好。
[2] 译注：Médor，法国人对狗的称呼，这种用法时常出现在小说作品中。

记领地的小便）和大便。这里可没有掺杂任何嗜尿派或嗜粪派情结，只是单纯对科学的热爱而已。研究人员认为，排泄行为——我只是单纯引述哦——"从统计数据的有效性上看是最可靠的，同时也是最不可能被周围环境破坏的"。

为了"实验需要"——如果我们可以如此表述的话——狗狗们并没有被绳子拴住，于是研究人员发现，它们都喜欢在各种广阔的自然环境中解决自身需求问题，比如田间、草地、森林，以及那些没有任何指向性构造的地方（街道、马路、围墙、围栏……）。它们也因此避开了可能会在一定程度上扰乱磁场的高压电线或大型金属构造的建筑。在"集科学性与保健性于一身的漫步"中，多亏了指南针，科学家才记录下狗狗们在这些关键时刻的方位。

在跟踪了狗狗们的1893次大便、5582次小便之后，研究人员得出结论的时刻到了。首先，这些数据没有给出任何有说服力的结果。但是研究人

> 这里可没有掺杂任何嗜尿派或嗜粪派情结，只是单纯对科学的热爱而已。

员考虑得稍微多了点儿，他们从德国的一个监测站要来了相应的地磁数据：如果只关注地球磁场未被扰动（地球磁场扰动可能由太阳活动引发的磁暴导致）时的情况，他们采集的数据就有了另外一种意义。在地球磁场稳定期，狗狗更喜欢沿南北方向排泄。

对于标记方位用的小便，如果说母狗是喜欢保持南北方向的，那么公狗就会在方位上微微偏离一点点……可能是因为它们在嘘嘘时需要抬起一只爪子吧，研究人员在文章中是这样推测的。但伊内克·布尔达和他的"同伙们"据此相信，他们的工作说明狗狗体内确实存在"指南针"，即使他们并不知道这一"指南针"是如何发挥作用的。

依据针对动物开展的相关研究的"道德宣言"，科学家们保证，研究过程中没有任何一只狗狗受到过虐待，可是他们并没有明说有没有人把这 1893 堆"实验结果"收拾干净。

你今晚愿意与我共度良宵吗?

这是《心理学与人类性学杂志》在1989年刊登的一篇文章，而它的发表足足推迟了……11年。在解释这一延迟的原因之前，我们先来介绍一下它的第一作者卢塞尔·克拉克。1978年，这位来自美国的心理学家对一种偏见的准确性产生了疑问，而它就像"男人与女人的关系"这种问题一样古老：男人"谋事"，女人"成事"。说得更清楚点儿就是：男人像发情的兔子，时刻准备"拔剑出鞘"，而女人却最终决定了他们的"战斗"次数。

20世纪70年代末，受社会风气的影响，人类对性的研究获得了大解放，熬过了拷问"人们在床上做些什么"这个漫长的时期之后，心理学家们开始将实验引入研究过程。卢塞尔·克拉克召集了9名"有想法"的学生，5女4男。他既不选太美的，也不要太丑的，只要求他们正常装扮，然后将他们安排在佛罗里达大学校园的5个地点。

他们的任务是与过路的异性搭讪——要取悦他们，以便"中奖者"是出于自愿。先给他们来一小段开场白："我之前在学校里就注意到你了，我觉得你好帅（美）。"开场白之后就直接一点，随机在以下这 3 个问题中选一个，足够坦白地挑逗对方："你今晚愿意跟我出去吗？""你今晚愿意来我房间吗？""你今晚愿意跟我共度良宵吗？"（姑娘和小伙儿们，如果你们以为这篇文章的题目是作者我的召唤，你们可什么结果都得不到哦）。有一百多人参与了这项实验。研究人员并没有提到是否有被扇耳光的，结果却一目了然：一部分女性主观上对于第一个问题的答案是肯定的（一起约会），对第二个问题回答"好"的数量则明显下降了很多（去搭讪者家），而对第三个问题予以肯定回答的数量为零（立刻行动）。相反，在被搭讪的男性中，问题越大胆，同意的人就越多，对第三个问题给予肯定回答的男性占总数的 75%。至于另外"不可思议"的 25%，研究人员明确指出，他们大多数都为自己的拒绝给出了不得已的理由。

> 我之前在学校里就注意到你了，我觉得你好帅（美）。

实验证实了这一偏见，其根源可能就是生物规律。如果说男性和女性双方追求的都是基因的最佳结合，那么对男性而言，他们并不需要太大的投入：他们天生就可以慷慨地提供自己的精子。对于女性而言却恰恰相反，投入非常巨大：9 个月的准备，以及余下的几十年。因此，女性想找的不仅是一个基因提供者，而且是一个稳定的伴侣，这也就更容易理解了。

　　卢塞尔·克拉克和他的女助手艾莱娜·哈特菲尔德花了 11 年的时间才使得这一研究取得成果。1982 年，他们又不得不再度开展实验以验证结果（结论并没有什么变化）。很多报刊或杂志的主编——在当时，大部分是男性——都拒绝刊登这篇文章，因为它毫不避讳地将男性定义成了一种只用下半身思考的动物。

用原子弹重新规划阿拉斯加？不！

当一件商品不再受公众欢迎，销量开始下降，生产商就会给它寻找新的销路，这就是劳伦斯辐射实验室（LRL，如今更名为劳伦斯·利弗莫尔国家实验室）的领导者们采取的措施——为了美国的利益，他们负责研发一种极难推销的产品：原子弹。那个时候，因为冷战，这种产品的销路并没有受到什么影响。相反，核试验开始进入大众的视野，尤其是 1954 年在比基尼环礁进行的"喝彩城堡"核试验事故之后。那次事件中的热核武器试验的规模大大超过了预期，给周围岛屿的居民带来了严重的放射性沉降物污染。

随后，LRL 的大人物们想出了一个妙招，以重新树立原子弹的"形象"：将这种武器改造一下，合理利用，充当"挖掘机"，用于公共工程。物理学家爱德华·泰勒——"美国氢弹之父"，同时也是 1958~1960 年 LRL 的带头人，是这一理念最忠实的捍卫者。他的"战马"是"搬运车计划"：在阿拉斯加建造一个大型港口，把这个北极之州的丰富煤炭资源运出来。

地址选定在美国西北部的汤普逊角，工程计划也很快出炉，无须半点美言。工程预计使用 6 枚原子弹。4 个"小家伙"（每个的爆炸威力相当于 1 万吨 TNT 炸药，是广岛原子弹威力的 6 倍）用来开辟未来港口的航道。两个"大家伙"，每个的爆炸威力有 100 万吨级（相当于 100 万吨 TNT 炸药），用来"挖掘"港口地基。后来修订的计划大幅度降低了爆炸威力。研究人员发现，如果能合理填埋原子弹，可以形成更多巨型的环形山。爆炸后，7000 万立方米的土方和岩石会瞬间被炸飞到空中，海水会汹涌地灌进这块巨大的空间。理论上堪称绝妙。

在计划实施者看来，现在就只剩下辐射和污染这些小问题了，他们认为这些是不值一提的小事，反正是广袤的冰天雪地，方圆数千米内都没有人居住。他们决定还是先做个实验为好，看看效果。于是在 1958~1959 年，为了"搬运车计划"的顺利开展，爱德华·泰勒亲自前往阿拉斯加，这是他的梦想——"跟随心愿，改造地球"的地理大工程。

LRL 的大人物们想出了一个妙招，以重新树立原子弹的"形象"。

他想了一句自己觉得极妙的广告语："如果你觉得大山碍事，只需给我们寄张明信片。"在研究人员看来，一枚热核弹归根结底不过就是硝化甘油制成的炸药，只是威力略强而已。

LRL 的老板没有能预料到的是一个因纽特人村庄的抗议，该村庄距离汤普逊角不到 50 千米，这里的人拒绝任何污染这片有

上千年历史的天然猎场的行为，他们甚至将抗议信直接寄给了当时的美国总统肯尼迪。除此之外，要将原子弹投到离苏联不远的地方，外交官们也认为这一想法欠妥。于是，"搬运车计划"在1962年被弃置了。

所以，他们并没有用原子弹重新规划阿拉斯加。如果说"不正经的科学"也包括这种不该被复制的实验，那么它同时也"庇护"了很多愚蠢的、人们假想的实验，但幸运的是，这些实验从未付诸实践。

"擦地刷能手"的物理之道

20 14年2月7日，索契冬奥会开幕了，我们这篇小故事，必须要给这次冰雪运动的大集会中看起来似乎最没技术含量的一项比赛一个大特写："擦地刷能手"——冰壶运动比赛。对比赛规则不熟悉的朋友，可以把它联想成一场冰上法式地滚球。运动员4人一队相互对抗，让将近20千克的"巨型"花岗岩冰壶在冰道上滑行，最终将其送进一个叫"家"[1]的目的地。

冰壶运动的特别之处在于，它是唯一一项能够在投掷物被掷出后改变其运动轨迹的比赛。为此，两名运动员需要在冰壶前方用冰壶刷猛擦冰道，此举旨在降低冰面的摩擦系数。他们在给冰壶加速的同时，也使冰面形成一条光滑带，延长了花岗岩制成的冰壶的滑动距离，直至到达营垒的中心。

这项诞生于苏格兰的运动现在已经非常流行，也引起了爱丁堡大学研究人员的兴趣。其中有3人，布莱特·马默、马克-保

---

[1] 译注：圆垒或营垒，冰壶运动中的终点，由4个大小不同的同心圆组成，法语中用maison（即"家"的意思）这个单词表示。

罗·白金汉以及珍·布莱克福德，他们将注意力集中在了冰壶运动中运用的摩擦学原理（摩擦学是研究摩擦力的一门科学）上，他们思考的是如何让冰壶刷操作者的动作达到最佳状态，并将研究成果发表在了 2006 年的《运动工程学》杂志上。实验首先需要测量的是持冰壶刷的人使用的力和冰壶刷由此获得的速度。这样就可以用标准计量的力度和产生的速度打造出史上最有技术含量的冰壶刷，然后托付给英国奥运会代表队中最专业的双手。

同时得出的结论还有：冰壶刷运动员的动作频率可达4.5下/秒，冰壶刷的摆动速度为 9 千米/小时，施加的力可达到 450 牛顿。上述 3 人还发现，想要效率高，必须要最大限度地接近冰壶擦冰，否则，摩擦就会失去作用，因为冰面会迅速回到初始温度。根据这些测算结果，加上冰的传导率、密度以及制造冰壶刷毛的尼龙材质等因素，研究人员建成了一个数据模型，用来监测摩擦产生的热量。

冰壶运动的摩擦"艺术"主要分为两个派别，拥有两种观念。

最后一步是比较这些"头牌打磨师"的操作方法。冰壶运动的摩擦"艺术"主要分为两个派别，拥有两种观念：第一种是站在冰壶运动轨迹的前方，沿垂直方向打磨冰壶的运动轨道；而第二种是冰道上的运动员站在冰壶运动轨迹的后方，弯腰越过冰壶，沿平行方向打磨运动轨道。研究人员对数据模型进行分析后得出

结论，第一种方法会造成对冰面加热的不平衡现象，打磨者在靠近自己的一侧会更加用力；而使用第二种方法，冰面温度上升得会更加均匀，增幅为 0.2 摄氏度。

这项研究更精确地指出，在摩擦冰面的过程中，"冰壶刷之王"的心跳速度可达 170 下 / 分钟，但并没有提到他们会不会在做家务的时候也搞搞训练。

"权力只会让得不到它的人感到厌恶"

"权力只会让得不到它的人感到厌恶",这是意大利著名政治家、数次担任政府部长和国会主席的朱利奥·安德烈奥蒂（1919—2013），在被人问及是如何在数十年的政治生涯中稳占上风时给出的回答。不过，玩笑的背后是不是也有些许道理呢？一个人如果没有支配他人或他物的权力，永远受制于他人，是不是也会感到筋疲力尽？

让我们来科学地研究一下吧。两位来自剑桥大学的研究人员将相应的研究成果刊登在了 2014 年 2 月 4 日的《实验心理学》期刊上。李恩和与西蒙娜·施奈尔的观点是人的心理能够对人体外貌特征的改变产生影响。有经验证实，如果你对自己评价不错，与自视较低的人相比，你会从更远的距离辨别出向你脸上爬来的狼蛛——活的哦，这可不是闹着玩的。同样的，比起心情愉悦的人，听悲伤音乐的人能走上坡度更大的山路。如果爬安纳布尔纳峰[1]的时候单曲循环播放塞尔日·拉马的《我病了啊啊啊啊啊》，

---

[1] 译注：喜马拉雅山脉中段尼泊尔境内的山峰，海拔高度 8091 米，为世界第十高峰。

可能会让你比爬蒙马特高地都轻松。

　　李恩和与西蒙娜·施奈尔猜测，没有权力会让人感到疲倦这一观点的提出，依据的是没有权力可能会影响到一个人对物品质量大小的判断。为了验证这一猜测，她们准备了 3 组实验。在第一组实验中，她们为 145 名被试准备了一份问卷，对诸如"在与他人相处时，我是否能成功地让他人听从我的想法"等问题进行回答，用来评估他们所掌控的权力，并将答案的确定性分为 1~7 级精确记录下来。随后，让他们搬动两个装有书本的纸箱。结果发现，一个人自我强大感越弱，负重感就会越强。

另两组实验通过人为地给被试营造压力或赋予其受胁迫的环境，使实验结果得以更加精确。被试首先误认为实验测试的是机体运动对记忆力的影响，在搬运纸箱后，他们要写出一段记忆：可以是他们对别人行使权力的过程中发生的一件事，也可以是他们受他人支配时的一些细节，还可以是一段关于每天在家与工作单位之间往返路途的客观描述，用作参照组数据。之后，他们需要再次搬动纸箱，并估算纸箱的质量。"强大组"和参照组对纸箱的评估结果基本保持在同一误差范围，接近真实质量，而"被支配组"却大大高估了纸箱的质量。由此可见，一个人拥有权力虽没有起到增强其肱二头肌的作用，却也没有使之变弱。

听悲伤音乐的人能走上坡度更大的山路。

研究人员认为，这个结果或许能解释为什么在人类这一种群中，处于社会阶层底层的个体更容易高估事物的质量：他们大概是为了避免参与困难的工作，以防用尽自己本就有限的资源。那么，与能将一无所有的人压垮的责任相比，那些"繁重"的责任对强大的人来说就一定轻如稻草吗？

肯尼迪与"雨伞的一击"

20 13 年 11 月，全世界的报纸都因约翰·菲茨杰拉德·肯尼迪遇刺身亡 50 周年的日子而销量大增："猪湾"事件、古巴导弹危机、阿波罗计划、与种族隔离制度的斗争、杰奎琳、玛丽莲，等等，与肯尼迪有关的人和事再次被报道。1963 年 11 月 22 日，著名的达拉斯市，枪声砰砰作响。根据官方的说法，这是个阴谋，还有一个简单明了的盖棺定论：我们永远都不可能知道全部真相。

可是，这个谜案的解决办法对大家而言本就是唾手可得的啊，他们只要读读"不正经科学界"的"巅峰"之作——艾伦·萨尔里安 [1] 的"大作"就可以了。在 2010 年《医学假设》期刊上发表的"研究文章"（真的有必要加引号）中，这位来自美国的精神病学家用 1+1 式的推理"精准地"解释了全世界人民早该猜到的事件"真相"：美国的第 35 任总统……是被毒死的！

他的推理简直"无懈可击"。他避开总统先生被打穿的头颅

---

[1] 译注：精神病学家，华盛顿精神病研究中心医学主任，牵头成立了美国联邦调查局精神病紧急回应联动小组，他同时也是"历史事实国际中心"的创办人，后文会提及。

不谈——区区小事一件——而将注意力集中在了喉咙的枪伤上，官方说这是穿透肯尼迪身体的第一枪，著名的"神奇的一枪"。艾伦·萨尔里安认为，官方之所以会这样描述并不难理解，因为这是个小伤口。他认定，只是因为进行了尸体解剖，这个伤口才显得如此重要，结论很明确：官方是故意夸大其词。

为什么？正是为了不让人们发现肯尼迪是被下了毒的飞镖杀死的。此外，根据目击者所见，总统不是一直扶着脖子吗？他不是一动不动、一言不发，就像被麻痹了一样吗？毒药很有可能是河鲀毒素（又称河豚毒素），某些鲀科鱼类体内所含的外源神经毒素——一种可引起麻痹的生物碱，它也是造成水产品食用者食物中毒，有时甚至是致死的罪魁祸首。这一推断实在太不靠谱了。艾伦·萨尔里安继续"展示"他的推理能力：事件当天拍摄的那段著名的"非专业"影像被做了假，大概是为了不让人们看到飞镖的发射。他紧接着还画了一把内置吹管的雨伞的构造图。

> 美国的第35任总统……
> 是被毒死的！

显而易见，一段视频，一个被夸大的伤口，看上去不正是个国家大阴谋吗？最后的"王牌"是一份报告（他强调，这是真实的），报告显示，1950~1960 年，美国中央情报局（CIA）从美军的生化部队获得了一定剂量的某种物质，其中就有……河鲀毒素。证明完毕，不是吗？艾伦·萨尔里安一手打造的"历史事实国际

中心"也不是一无是处!

　　其实这篇与《新侦探》杂志[2]倒是很般配的文章存在一个很重要的问题:它是如何被刊登在一本号称从事科学研究的杂志上的呢?想搞明白这个问题,就必须得知道,爱思唯尔出版社[3]旗下的这本《医学假设》就像一个大市场,专门介绍各种有待实验验证的假说。长期以来,这些"纸张"就不会被业界同行翻看第二次。直到 2010 年,一篇声称无证据证明 HIV 病毒是引发艾滋病的原因的文章出现,爱思唯尔集团面对国际众怒,才下定决心清理门户,以保住最低限度的再阅读率。这是 2010 年 6 月的事情了。艾伦·萨尔里安的文章嘛,是同年 5 月……24 日上线的。如果说他也验证了点儿什么,那恰恰就是,从科学到伪科学只有一步之遥。

---

[2]　译注:法国的一本侦探小说杂志,每周发行一次,主要刊登虚构的侦探故事。

[3]　译注:世界最大的医学与其他科学文献出版社之一,属于爱思唯尔集团,总部位于荷兰的首都阿姆斯特丹。

裹尸布、地震与科学

1988 年，梵蒂冈提请对"都灵裹尸布"[1]的样品进行碳 –14 日期推定鉴定，这块亚麻布自中世纪出现以来，就被认为是耶稣的裹尸布。为防止有人质疑鉴定结果，官方采取了前所未有的预防措施：他们选择了 3 家相互之间毫无关联的实验室（牛津大学、亚利桑那大学以及苏黎世联邦理工学院的实验室），每家实验室各获得 4 块已经有好几个世纪历史的古老布料，而且对其可能源于裹尸布一事毫不知情。1988 年 10 月，鉴定结果被公布时，情况似乎非常明朗：布料的年代被推定为 1260~1390 年。《自然》杂志在几个月后也刊登了这一消息。这块亚麻布第一次出现的时间是 1357 年，估算结果与这一时间精确地吻合，上述鉴定结果表明它不是耶稣的裹尸布。

历史的结局就是这样的吗？当然不。这次的鉴定结果让众多忠实的信徒始终难以接受，25 年以来，为了推翻这一结论，他们从未停止过对史实和物理学的拷问，尤其是针对一个来自意大利都灵理工大学的团队的研究，他们的论文被刊登在了 2014 年

---

[1] 译注：传说是耶稣受难后、复活前的裹尸布，14 世纪首次出现在法国，之后一直是备受关注和争议的一件物品。

2 月 11 日的《力学》杂志上，文章指出，无论如何，只为宗教信仰服务的科学才是最不靠谱的科学。

这篇文章以 1989 年《自然》杂志的一篇文章为出发点，后者指出，高强度的中子爆炸可增加实验品的碳 –14 含量，使其在放射性年代测定中看上去年代距今更近。因此，只需要找到这"可怕的"中子源就可以了。其实我们根本不需要什么物理学的解释，不是说上帝本就是万能的吗？

只要去找，就能找到。意大利人在《马太福音》和但丁（与耶稣同时代的名人）的《神曲》中发现了好几篇文章，都提到公元 33 年，就在耶稣死后不久发生过一场地震。根据《自然》杂志那篇文章的研究人员判断，断裂的岩石受到挤压便会释放出中子，那么，一场大地震只需持续 15 分钟以上，就能产生足够的中子流，将受难者的形象印在布上，并且否定了 1988 年对年代推定的鉴定结果。也就是说，这些中子引起了布料中氮原子的原子核反应，造成其中一部分氮原子突变成了碳 –14。哈利路亚，科学是多么伟大！这群研究人员虽然没有靠这件事给耶稣的复活找出合理的解释，但显然这是他们的心之所向啊！

> 只为宗教信仰服务的
> 科学才是最不靠谱的科学。

2010 年，这篇文章的码字工在博客里用一种"科学"的方法（仍然那么不靠谱）分析了都灵裹尸布的年代推定问题：1957 年，

地外生命登陆地球，降落在意大利，并带走了裹尸布，梵蒂冈和美国掩盖了这一事件，并且用一块中世纪的复制品代替了这块被偷走的布，这就解释了 1988 年对其年代推定的结果。如此一来，全世界都满意了。据说，真正的裹尸布在一颗距离地球 25 光年、绕 GXD6985 小行星运转的星星上。

身材与鼻屎有什么关联？

让我们暂时忘记做人的崇高感，可以吗？回到严格的进化论体系，一个原始的生殖体系。在这个概念范畴里，雄鼠寻找可爱的雌鼠，雌螳螂寻找美味的伴侣，风笛舞会上的小伙儿寻找脸蛋儿漂亮的姑娘。这些春心荡漾的选手，他们在觊觎什么呢？是一个完美的信号，一个强壮身体和完美配子[1]的指示信号。在这个生物处心积虑要将自身基因完美遗传下去的世界里，一些研究人员指出，有吸引力的信号就是对生理学领域的一个观点——美丽与健康真的是相辅相成的——恰到好处的证明。

在《美国人类生物学期刊》2014年2月12日刊登的一篇文章中，一个来自波兰的研究团队将他们的兴趣点放在了众多被无限神化的信号之一——身材上，这是一个被所有杂志看作决定人类外表美丑的重要信号。研究人员认为，当一个人在寻找伴侣时，无论在真实生活中还是在交友网站上，身材都是一个非常重要的考虑因素。男性应当是V形身材（方向要摆放正确），女性应该

---

[1] 译注：指生物进行有性生殖时由生殖系统所产生的成熟性细胞，简称生殖细胞。雄配子通常被称为精子，雌配子通常被称为卵细胞。

是沙漏型身材，还有一个众所周知的三围标准：90 厘米、60 厘米、90 厘米。在这两种情况下，理想的身材就是旺盛的激素分泌的代名词，否则，在众多著名杂志中被明星营养师推崇的身高体重指数（BMI）就会超标，还可能伴有非常规性的肥胖，以及两性生育能力下降的风险。

这群生物学家想验证的观点是，既然优美的身材是身体健康的信号，那么在面对病原体时，人体器官就应该会产生免疫反应。

因此，他们选了两百多名志愿者，剔除正在服用抗生素的人，记录下他们的体重和身高，计算出 BMI，并且只测量其中女性志愿者的腰围和胯宽。为完成这一测试，他们还

> 一些研究人员指出，有吸引力的信号就是对生理学领域的一个观点——美丽与健康真的是相辅相成的——恰到好处的证明。

要求被试掏干净他们的鼻孔和喉咙，以鉴别这些"实验品"的"呼吸器"中出现的微生物群。说直白点，就是要研究他们的鼻涕和鼻屎。

这些"迷人的"样本要放置在 37 摄氏度的肉汤培养基中培养 24~48 小时，经过分析，结果出炉了。超过半数（54.9%）的被试的鼻孔会被各种"受人喜爱的房客"侵占，大多数情况是金黄色葡萄球菌，也会有肺炎球菌或者流感嗜血杆菌，它们往往是由耳

炎或肺炎带来的。一般而言，鼻腔有微生物的男性，BMI 多超标，其 BMI 很显著地高于鼻腔内没有微生物的男性。身材越是完美的男性，对鼻孔中细菌的抵御力就越强。而研究人员未发现女性的 BMI 与病原体侵占之间有什么关联。不过，体形瘦高的女性通常比身材一般的女性更难感染细菌。

　　研究人员表示，这是睾酮在发挥作用，它在保持人体身材苗条的同时，也能对个体的免疫力起增强作用，而与性别无关。文章的结论——假设得到了验证。这就是人们会对当年民主德国那些看上去还挺像女孩子的女游泳运动员们的消失感到遗憾的原因吧 [2]。

---

[2] 译注：作者此处影射的是当年民主德国运动员为取得优异成绩而服用违禁药物的事件，女性运动员因服用违禁药，体征变为男性。

"恶之花"

这个题目只能给"不正经的科学"的专栏作家搔搔痒而已。本篇的内容是根据 2014 年 2 月 18 日出现在《心理学》杂志上的一篇文章——《恶之花,"恶行"如何带来更大的创造力》而来的。上述文章的作者弗朗西斯卡·吉诺(哈佛大学)和斯考特·维尔特穆驰(南加利福尼亚大学)都是对"不道德行为"着迷的研究人员。当大家知道了每年此类行为会花掉社会几千亿美元的时候,想必也会觉得这种研究很正常了吧。

吉诺与维尔特穆驰并不好奇为什么人们会如此频繁地破坏法律和道德设定的底线,而是好奇恶行与创造力之间是否存在着某种关联。银行家伯纳德·麦道夫[1]对规则的蔑视,是否是促使他策划出"庞氏骗局"这条绝顶妙计,进而榨干各位客户的原因呢?或者,莱克斯·卢瑟——这名字可真不怎么样[2],为了击垮与他势不两立的敌人——超人而谋划的各种魔鬼计划,都源自于他的邪恶本质吗?一言以蔽之:恶也会激发创造力吗?

---

[1] 译注:纳斯达克前主席,美国历史上最大诈骗案的制造者,其操作的"庞氏骗局"诈骗金额超过 600 亿美元。

[2] 译注:"卢瑟"的发音类似英语单词 loser,意为失败者。

　为了得到答案，两位研究人员设计了 5 项实验，涉及被试近800 人。每一项实验都旨在激发被试的阴暗面进而测试其创造力，并与仍然持正确态度的参照组被试的测试结果进行比对。比如，其中一项实验的主题是在测验中通过谎报成绩的方式获得更丰厚的奖金。而在另一项"狡猾"的实验中——真想知道莱克斯·卢瑟是不是干过科学顾问这一行——参与者在对计算机上的逻辑练习题进行解答前，已被预先告知禁止按空格键，因为由于程序设计的失误，此举会导致问题的答案跳出来。而 53 人中，51 人按下了键盘上的这个横条……另一项实验显示，人们非常乐于向别人灌输违规行为，比如用图片展示在禁止自行车驶入的道路上骑自行车，等等。

　通过一些连词游戏——难度可以与"博涯监狱探险之旅"[3] 中弗拉斯老爹的谜题相媲美，或是在短短一分钟内尽可能多地想出一张报纸的用途等类似

真想知道莱克斯·卢瑟是不是干过科学顾问这一行。

的小游戏，每个人的创造力都得到评估。结果是"不会"让"费心"

3　译注：法国电视台推出的一档真人秀冒险娱乐节目，博涯监狱位于法国夏朗德省大西洋沿岸的艾克斯岛北部，原本是一座可以抵御海上侵略的城堡，后被改造为监狱。后文中提到的弗拉斯老爹是这档娱乐节目中的一个人物，负责出题考验参加节目的探险者。

看完文章标题的人吃惊的：每一次，作弊者或撒谎者的表现都比诚实的人更具创造性。文章的作者认为，这一现象是可以用事实解释的：想要有创造力，就要打破惯例与常规，这不正是"恶行"实施者的强项吗？

一个男人能有多少个孩子？

据记载，摩洛哥苏丹穆莱·伊斯梅尔（1672 至 1727 年在位）是历史上子孙最多的男人。官方人口记录显示，他的子孙共有 888 个。在其他来源的统计中，这个数字只会更大。因此，18 世纪初，出访摩洛哥的法国外交官多米尼克·布斯诺确信，穆莱·伊斯梅尔，这位拥有 4 位合法妻子、近 500 名姜室的苏丹，从 1704 年算起就已经有至少 600 个儿子了。这也就意味着，他的子孙总数轻轻松松就可以逾越千人大关（这是因为在他的子女中，女孩子一出生就面临被闷死的命运）。

好吧，这就是"不正经的科学"该管的事情了。这个男人真可能有这么多孩子吗？我们并不是怀疑他的生殖能力。毕竟，男人的配子是源源不断的，只要有身体、有胆量，每天的"派送量"都能达到好几百万。但这并不意味着只要把这些小种子播撒出去，孩子就能像疾雨后的蘑菇一样长出来。一个婴儿的诞生，是精子与卵子一场成功的相遇，是讲究时机的。

因此，1998 年，英国的一位女研究员，多罗茜·艾农，在发表于《进化与人类行为》杂志上的文章中表示，穆莱·伊斯梅尔有几百个孩子只可能是个不切实际的幻想。即使有足够多的年轻妇女，保证几十年间不间断地每周发生 6 次性关系，他才能有 400 多个孩子，还要克服受精与成功妊娠这场战役中如此众多的障碍：女方必须要处于每月的最佳排卵期，受精卵必须正确着床，还不能有流产，等等。

2014 年 2 月 14 日情人节这一天，两位奥地利人类学家在发表于《公共科学图书馆·综合》杂志[1]的一篇文章中给这一问题下了定论。他们认为，多罗茜·艾农所谓的生物学限制太过严苛，他们建议进行模拟实验，信息化拆解穆莱·伊斯梅尔的情欲游戏。多种受孕方式激烈竞争，外加最有利的受孕条件，比如对"后宫"进行合理监管，让他与最接近受孕期的女人发生关系。纯靠经验判断，也有不利因素，比如随着年龄的增长，他的精子质量下降。模拟实验得出两个结论：第一，每天交配 0.83~1.63 次，就可以生出这么多孩子；第二，"后宫"只需 65~110 个女人就足够了。

> 但这并不意味着只要把这些小种子播撒出去，孩子就能像疾雨后的蘑菇一样长出来。

当然，对于这些孩子，还可以有另一种解释：其中一部分的生父是穆

---

[1] 译注：杂志社简称 PLoS，成立于 2000 年 10 月，是为科技人员和医学人员服务的非营利机构，致力于使全球范围内的科技和医学领域的文献成为可以免费获取的公共资源，旨在推广世界各地科技和医学领域的最新研究成果。PLoS 在生命科学与医学领域发行了 8 种可开放获取的期刊。

莱·伊斯梅尔，而另外一些则有另一个爸爸。然而这种假设的可能性微乎其微：穆莱·伊斯梅尔声名远扬，还因为他会亲手掐死可能与其他男人有染的女人——也可能是剜其双乳，或者拔光牙齿。至于那些胆敢垂涎他的"后宫"的不幸的男人，则即刻处死。穆莱·伊斯梅尔的的确确配得上他"暴君"的名号。

香肠、沙门氏菌……与垃圾箱

你知道"5秒规则"吗？它并不是一条由政府批准、管理部门盖章生效的官方法规，而是一个广为流行的观点，即你可以吃掉掉在地上不超过5秒的食物。想象一下这样的场景：你的手指巧克力泡芙掉在了地上，然后你迅速将它捡了起来，快得就像幸运卢克[1]掏枪打穿达尔顿兄弟的帽子。这片刻的时间里，地上的细菌会保持原地不动，乖乖地等着发令员的那声"各就位，预备，跑"。因此，你可以安安心心地享用这份"四点钟美味"[2]，因为这些可怕的微生物还没来得及"殖民"成功。那么，真的是这样吗？

这是美国南卡罗来纳州的克莱姆森大学的研究人员提出的问题。在2007年《应用微生物学》期刊上发表的文章中，他们详细阐述了一系列实验，以研究沙门氏菌对食物的污染问题。首先得到验证的是，这一肠功能紊乱的始作俑者，在常温、潮湿的露天环境下，是能够在普通瓷砖表面长时间存活的。这一结果还真

---

[1] 译注：法国著名漫画家勒内·戈西尼继小尼古拉、高卢英雄阿尔特里克之后创造的另一个漫画人物形象，是一位行侠仗义的快枪手。

[2] 译注：下午茶等非正餐的小点心。

没让科学家们失望：4个星期的实验进行下来，"沙门氏菌们"即使数量有明显减少，却仍然精神抖擞、坚守阵地，牢牢地趴在地板上，大概真的是在等天上掉馅饼吧。

其他实验的情况是这样的：研究人员首先选取了一所住宅中的3种地面材料，即一块毛毯、一块瓷砖和一块地板，每块边长10厘米；然后对它们进行了消毒处理，随后又在3块材料上分别喷洒了1毫升的沙门氏菌培养液；准备工作就绪，剩下的就是打开食品储藏柜了。"亲爱的，你切香肠干什么？是要去实验室做三明治吗？""不，是给我的细菌的……"

半数实验中，研究人员贡献出来的都是博洛尼亚香肠，一种跟意式大香肠一样肥美的食品，在北美地区颇受欢迎。其余实验中，用的是掉在瓷砖上的面包片。科学家们设置了多种实验情况，比如立刻将食物放在实验材料上，或者等待好几小时，又或者等待5秒、30秒或60秒，等等。每次实验，他们都会记下转移到博洛尼亚香肠或者面包片上的细菌数量。

研究人员贡献出来的都是博洛尼亚香肠。

首先他们发现，沙门氏菌并不是在各种环境下都十分活跃：地毯上的沙门氏菌只有0.5%"跳"到了猪肉片上，但这一转移率仍然是瓷砖或地板材质的10~140倍——这很可能是地毯毛茸茸的特质造成的。如此看来，大部分沙门氏菌都没能沾染到食物上嘛。不过，研究人员认为，无论何种材质，5秒对于微生物的"大侵袭"都绰绰有余了，而食物在各种材质上停留时长的增加就微生物侵袭而言并不能产生什么明显的区别。沙门氏菌真是个动作敏捷的物种。

因此，如果涂了鹅肝酱或是鱼子酱的吐司片掉到了地上，真倒霉，你最好还是把它扔进垃圾桶吧。你会在那儿发现"伪5秒规则"的。

你会听机器人的话吗？

1963 年，美国人斯坦利·米尔格拉姆公开了他的实验结果，这个实验注定会成为心理学领域最著名的实验之一。实验是关于学习能力的，实验参与的双方是通过小广告征召而来的，一个人扮演老师，另一个扮演学生的人要背出连词游戏中的单词。如果学生犯错，老师就会用电击的方式对其进行惩罚，惩罚的力度慢慢加大。斯坦利·米尔格拉姆声称此实验的初衷是测试惩罚对记忆力的影响。而事实上，"学生"是实验设计者请来的"同谋"，在被电击时只是假装疼痛而已。实验唯一的被试是"老师"，研究人员想知道其在不知情的状态下对权威尤其是对学识渊博的权威的服从度。

半个世纪之后，社会上出现了一种发号命令的新权威：机器人。因为越来越智能，它们几乎遍布医院、养老院、学校、战场甚至每个人的住所。在机器人专家和心理学家看来，现在研究人类与机器人关系的时候到了，一定要在我们听到一只带滑轮的铁皮桶说"器官材料堆，过来给我的轮子上润滑油"这一天之前就开始。

2013 年第一届人机交互国际大会上，来自加拿大的一组研究人员钻研的就是"现代人"种群的代表对机器人吉姆的服从度。吉姆是一个小型人形机器人，在实验中负责监督和指挥。实验设计依照的伦理标准自 1963 年确定后一直在逐步完善：设计者不能强迫"傻瓜"拷打人类，要想其他的办法。需要完成的任务被"精心设计"得既无聊又枯燥，而且毫无意义可言：以研究鼠标与键盘的使用情况为借口，给计算机中的文件重命名。开始是 10 个文件夹，之后是 50 个、100 个，以此类推。每个新任务开始执行时，吉姆都会打开天窗说亮话："这个文件夹有 1000 个文件，下一个文件夹有 5000 个。"想象一下，它可能会加上一句："用你的肉体握住（鼠标）。"

实验的目的是由机器人假扮成"矩阵"[1] 或"终结者"（电影《终结者》中具有人类意识的机器人），给人类被试施加压力——过程中被试可以选择拿着早就承诺好的 10 加元终止实验——看最终

器官材料堆，过来给我的轮子上润滑油！

人类如何反抗机器人，或乖乖就范。当被试叹气、表现出不满、停下来的时候，吉姆就会用米尔格拉姆研究报告中的句子催促他继续干活："实验要求你继续。"另一组实验也是同样的测试内容，但管理者是人类——一个假扮成研究员的人（留着胡子，穿着白大褂）。

---

[1] 译注：电影《黑客帝国》中一套复杂的虚拟程序，由具有人工智能的机器设计，模拟建造人类以前的世界，用以控制人类。

实验结束后，研究人员发现，面对机器人老板时，被试抱怨得更多。由机器人负责监督和指挥时，只有 46% 的人坚持完成了长达 80 分钟的测试，而对比组的比例高达 86%。不过这依然说明，被试承认这些"东西"与长着胡子的人一样合理……当一位被试试图停止测试时，吉姆说它要向负责人报告，这个被试喊道："不！不要告诉他！吉姆，我不想说……对不起。我不想中断。"我们不知道胜出的吉姆（高 58 厘米）是如何回答的，也许是："过来，给我的关节上点油！"

---

[2] 译注：指迪士尼动画片《机器人总动员》。

拉扎尔，站起来，叫两声！

80多年前，具体说是在 1934 年的春天，美国医生罗伯特·克尼斯开展了一系列实验，让他当仁不让地成为当时的"科学疯子"：他杀掉了许多狗，再尝试迅速让它们复活。这下我们就能明白为什么猎狐梗[1]会被叫作拉扎尔[2]了。

在那之前，克尼斯几次将人类尸体复活的尝试都以失败告终，他便开始在头脑中酝酿这个计划了。现代救生法的技术是行不通的，这一实验的理念在于利用重力人为地重建血液循环，通过血液的流通重启人体机器。可惜，一具尸体都没有复活。克尼斯将失败归咎于尸体送到他手上已经是死亡之后好几小时，早就凉透了。所有让尸体恢复正常温度的尝试（电热毯、温水浴、35 摄氏度的室温）都没能奏效。最理想的情况是能够在人死后几分钟内就对尸体着手处理，可是死神最恼人的习惯就是约会从来不守时。

于是，他挑战自我的想法——让狗狗在阴间走一遭——应运

---

[1] 译注：传统英国梗类，精力充沛，不受控制，喜欢争斗，常被养作家犬。

[2] 译注：拉扎尔是拉撒路（希伯来语）另一种拼写的译音。拉撒路是《圣经·约翰福音》中记载的人物，他病危时没等到耶稣来救治就死了，但耶稣一口断定他将会复活，4 天后拉撒路果然从山洞里走出来，因此证明了耶稣的神迹。

而生。克尼斯认为，如果能掌控死亡，他死而复生的实验成功的可能性就更大。而第一步，就是先给猎狐梗来一针含有乙醚与氮混合物的致命麻醉剂。几分钟后，狗狗的心脏一停跳，研究团队就可以开工了。一针肾上腺素让心脏重新跳动，再往血管中注射狗狗血液与生理盐水和血液抗凝剂的混合物。然后，将狗狗放置在一种可以前后摇晃的供氧装置中，以促进注射液体的流通循环。

没人知道第一只拉扎尔命运如何，但是没有结果应该就意味着坏结果吧……对于接下来的两只，克尼斯捕捉到了生命的迹象，但是小动物始终处于昏迷的状态，几小时之后就又死了。第 4 只猎狐梗在 13 天后醒了过来，但是走路颤颤巍巍的，有明显的脑部后遗症，余下的日子也不过是只"僵尸狗"。第 5 只拉扎尔是个

不是每个生物都能天赋异禀死而复生的。

幸运儿（不是每个生物都能天赋异禀死而复生的），它只用 4 天就站了起来，能吃东西还能叫。总而言之，狗狗死而复生了。

这一成功让克尼斯把实验对象重新设定为人类。因此，并不想成为杀人犯的克尼斯向美国科罗拉多、内华达和亚利桑那 3 个州的州长提出了申请，因为这 3 个州的死刑犯是在毒气室执行死刑的。然而，3 位政界人士都不顾他促使科学进步的初衷，予以了回绝。话说回来，我们也想不出来，死而复生的犯人有什么用……再杀了他？

　　故事并没有结束。1947 年，美国加利福尼亚州一所监狱里的死刑犯托马斯·麦克莫尼格在活动走廊里给罗伯特·克尼斯打电话，说他非常想参与这一实验。可是，监狱长不无幽默地回应这位医生说，既然毒气从房间内排光需要一小时的时间，那你就坐在麦克莫尼格身边的椅子上等着好了……

　　据说克尼斯对这一回复非常不满，并且停止了涉及这一极端救生法的一切实验，取而代之的是他创立了自己的牙膏品牌——"死而复生"，还真是一切皆有可能啊！

氢氧酸——羞涩膀胱的天敌

几年前，在挤进这本"严肃的"图书之前，本篇内容的作者——我，贴出了一篇骇人听闻的博客文章，文章是这样开始的："这是一种常见的化学分子，非常普通，以至于我们处处可见。你体内一定有，因为刚出生时你就被摄入了几毫克。你还会将它遗传给孩子。然而，这种工业中每天都会使用的物质，尤其是食品加工业，甚至核工业都一定会使用的物质，可不是没有危险的。它就是氢氧酸（DHMO），它在一定条件下所引起的危害被严重忽视了。"

紧随文章之后是一张恐怖的列表，令人胆战心惊，因为我想起来，每年都有很多人因意外吸入氢氧酸致死，纳粹分子也曾在集中营中使用过它，在癌症患者肿块的活组织检查中也曾发现过它，不仅如此，这种物质还是导致温室效应的"主谋"。氢氧酸可真是无所不尽其极啊！人们该好奇了，是多么大的阴谋能让这种物质如此嚣张呢？好吧，读者们都忘了，那天是……4月1日——愚人节。我只是把一个老恶作剧翻新了一下，因为氢氧酸这一高科技含量的称呼背后，隐藏的不过就是……水分子而已。

　　一换成"水"的叫法，我们的紧张感骤降。这是个我们熟悉的、令人有安全感的名词，生命的同义词，甚至……在所有与水有关的危险中，水的存在都被埋没了：只是喝过量了而已。放之四海而皆准的说法——这是计量搞的鬼，我们是有可能水中毒的，但这只是低钠血症众所周知的症状。就拿2011年《军事医学》杂志上刊登的一个学院派范例当个不大靠谱的证据吧。这是有关一位美国空军大兵的故事，他当时37岁，身体健康，为麻醉品调查而被要求进行尿液检查。这是一项常规检测，只不过是需要在实验员眼前把验尿杯灌满，以防他像某些自行车运动员一样，在塑料袋里装上某位匿名人士的尿液。

　　但问题是，这位大兵的膀胱太羞涩。他打不开阀门，没办法在他人眼皮底下松开括约肌。于是，为了激发"天性"，一整个上午他都在喝水。咕噜，咕噜，咕噜……喝了14升以上的水之后，他的膀胱仍然一滴尿液都挤不出来。他开始肚子疼，头晕。

但问题是，这位大兵的膀胱太羞涩。

下午，他被人发现昏厥在卫生间里。患低钠血症时，人体细胞会充满水分，以平衡细胞外液与细胞内液中的钠元素含量。如果这种填喂法发生在脑部，产生的浮肿会引起严重的神经并发症甚至死亡。

　　当大兵恢复意识时，他已经"被排尿"2升之多了。他还患上了短时记忆丧失症，一般这种病都是因为滥用其他饮品而不是水导致的……24 小时，排尿 12 升之后，他终于得以全身而退。在上交了一份如此之大的尿样后，让这位大兵聊以自慰的是，他们仍然允许他参加该项检测，并且没有发现违禁药物的蛛丝马迹。

蜇吧，这是我的身体

美国昆虫学家贾斯汀·施密特除了研究昆虫的自我防御术之外，还将精力放在了另外一件事上：将78种膜翅目昆虫的叮咬疼痛度分成了0~4级共5个级别。0级是蜇针不能嵌入皮肤的昆虫；蜜蜂拿下了2级；最高级别荣归子弹蚁，一种拉丁美洲蚂蚁，因其蜇人带来的疼痛时长又被称为"24小时蚁"，在这段时间里你都会特别后悔挠了伤口。紧随其后的是蓝色胡蜂，它的叮咬，在施密特先生看来，能够引起"迅速的、难以忍受的、无论是谁、无论怎么做都无法阻止的疼痛，也许只能用火烧。这种疼痛已经不能简简单单在精神学科的范畴界定了"。仅凭这一句话，人们就该相信他了吧。

不过，施密特先生确实填补了研究领域的一个空白：哀号声的大小取决于蜇咬你的昆虫的种类，不过，也应该取决于被蜇咬的部位吧，这可就是他没牺牲自己去探索的领域了。不过没关系，施密特先生没做的事，史密斯先生接了过来。作为康奈尔大学（位于美国纽约州）神经生物学专业的学生，迈克·史密斯刚刚在《评审报》[1]上发表了一篇研究文章，文章的内容可以简要概述为：蜜

---

[1] 译注：PeerJ，一本生物学与医学领域的开放获取期刊，涉猎范围较广，2012年创刊。

蜂啊，蜇吧，这是我的身体。

这位美国年轻人让自我实验这种在当下矫情的科研人员中间已不幸慢慢失宠的实验方法又重新焕发了光彩。为了确定一只正常的蜜蜂在自己身体不同部位叮咬所带来的疼痛度，即在哪里最不疼，在哪里又哎呀，哎呀……最疼，迈克·史密斯采用了一套非常严格的实验操作流程。首先，在被告知所有潜在风险后，他签署了一份同意书（所有涉及人体的实验都需要有这样的同意书）。

接下来就是实验的准备阶段，即被蜜蜂叮咬，3 个月内每天 5 次，目的是让免疫系统适应蜂毒的剂量。之后，实验就可以开始了。每天早上固定的时间，迈克·史密斯都会让自己的身体经受意蜂[2]蜇刺的考验：先让意蜂在前臂蜇一次，用作对比点，再在 25 个预先选好的叮蜇点中选取 3 个被蜇，之后再是前臂，重复同样的步骤。疼痛度被分为 1（几乎无痛感）到 10 级（哇啊啊啊啊啊！）记录下来。3 组实验分 38 天展开，还需要在身体左侧与右侧交替进行。

> 哀号声的大小取决于蜇咬你的昆虫的种类，不过，也应该取决于被蜇咬的部位吧。

---

[2] 译注：意大利蜂，原产于意大利亚平宁半岛，西方蜜蜂的一个品种。

　　这位年轻的研究员一上来就强调，每组实验中他都要忍受190 次叮蜇，而每种疼痛根据叮蜇部位的不同是远远不能相提并论的。疼痛度等级中最低的是头顶、上臂和中脚趾。"啊啊啊"领奖台前三甲的位置分属以下 3 个部位：冠军是鼻孔，亚军是上嘴唇，而季军，是史密斯先生娇弱的阳具。不过他也承认，实验是存在局限性的：疼痛感会因人而异，此外，他也无法在女性身体的各个部位开展蜂蜇实验测试。所以，女士们，被蜇一下行吗？这是为了科学。

用气味说话

尼古拉·葛刚是一位来自法国的研究人员，他的专长是探究被我们忽略的那些最不可思议的角落。在 2011 年《化学感应与感知》杂志上发表的研究文章中，他研究的是香味对……诱惑力的影响。很多实验都已明确证实，好闻的气味可以增进人与人之间的关系。比如，一项实验证明，当想换零钱的过路人身处一个没有什么特别气味的地方时，会更愿意去散发出诱人香气的甜品店寻求帮助。再比如，小组作业时，身处于香气宜人的环境里的学生，更愿意在课后给实验人员帮帮忙。这就解释了为什么体育老师总得独自整理塑料垫和体育器械，毕竟旧网球和湿漉漉的腋窝散发出的味道实在是太让人窒息了。

文章的作者认为，好气味能带来好心情，能有助于利他行为的开展。某个人喝口"普喜"[1]便更容易答应他人的请求。不过，这就是对猎艳男回答"好"的原因了吗……这正是尼古拉·葛刚用他精心"导演"的实验想要确定的。首先，他挑选出一名男性"同谋"——实验中的"花花公子"。为了不影响实验结果，他只

---

[1]　译注：Pschitt，法国的一种汽水饮料，含橘子和柠檬，口味怡人。

需牢记自己的角色，并不需要搞清楚实验的测试内容。

几十位年轻女性受邀参与实验，研究人员谎称实验内容是评估一段录像。男"同谋"以实验人员的身份出现。每位"样品小姐"都独自观看录像，要么是在没有任何气味的房间，要么是在散发着美味的热羊角面包香味的房间，这是实验讨论组事先评估过的好味道。之后，在一位女实验员的陪伴下，年轻的女士会与我们的帅小伙一起讨论录像内容。随后，女实验员以打印调查问卷为借口离开，这时，真正的实验就开始了。

赶紧去面包店与姑娘搭讪吧。

男"同谋"利用两人独处的机会说出台词：我叫安托万，小姐，你真的太美了。能把你的电话号码给我吗？我下周打给你，我们可以找个地方喝一杯。几秒钟思考的沉默，四目相对，然后是开怀的笑容……

一串可爱的 06 号码[2] + 一杯小酒 = 显而易见的结果，不是吗？科学研究可不是每天都能教你一个与姑娘搭讪的办法哦。

结论是搭讪成功——真令人沮丧啊——在热羊角面包香味的熏陶下，2/3 的年轻女性都被征服了。而在没有任何气味的房间，

2　译注：巴黎的手机号码开头两位为 06，作者此处指手机号。

成功率则跌至40%。结论就是：赶紧去面包店与姑娘搭讪吧，这里比散发着舞伴汗臭味和薄荷水味道的夜总会靠谱多了。

一口"普喜"不仅仅对女孩子管用，也让赌场里的玩家们很受用。我们不能默默忽略掉1995年《心理学与营销》杂志上一篇来自美国的研究文章，它讲的是在拉斯维加斯的赌场里，如何通过在室内喷洒香水让顾客投进老虎机的游戏币量猛增45%的"故事"。钱也是有气味的：很香呢。

如何用霰弹枪估算圆周率？

好吧，假设现实世界已经被科幻世界接管，就像在多血症泛滥的恐怖片中，丧尸[1]成为世界的主人。这时，人类只能回到石器时代，指望"新石器时代求生中心"[2]找到与丧尸世界抗衡的办法。就在这一刻，幸存下来的智慧生物意识到，由于太依赖现如今已经消失的计算器和计算机，他们把圆周率这个在科学领域至关重要的数字给忘了。

文森特·杜姆林和弗雷科斯·图因在他们无比风趣的研究文章（已于2014年4月在"预印本文献库网站"[3]上线）中提到了类似的情况：满世界都是丧尸，却没有圆周率——"科学的进步已经可以叫停了"。两位研究员并没有止步于此，他们给出了粗略估算圆周率的方法，那是一套边缘方案，说实话，无足轻重。我们来看看吧。

---

[1] 译注：恐怖片中的丧尸与僵尸有所区别，活人因病毒/细菌感染、化学毒剂扩散等原因变成丧尸，丧尸吞噬活体，会变异、腐烂、死亡；僵尸是死人，吸血，不变异、不腐烂，但惧怕阳光，来源参见"知乎"相关问题。

[2] 译注：缩写为CNRS，作者此处影射的是法国国家科学研究中心（缩写也是CNRS）。

[3] 译注：一个汇集了物理学、数学、计算机科学与生物学论文、预印本的网站。

首先，我们需要一块方形金属板，从左上角朝着右下角刻出1/4 个圆。一个初中生凭借所掌握的数学知识都能算出刻出部分的面积与方形金属板的面积之比恰好是圆周率值的 1/4。剩下的，就是用内径相等的小物件将金属板铺满，清算位于 1/4 圆内的小物件个数，再用铺满整个金属板的小物件总数除以这个数字即可。其实，最简单的办法是随意抛撒谷物（大米或者小麦）。不过，世界末日的时候，真不能确定我们还有没有这种食物。那我们能储备什么呢？如果说是一种丧尸世界的幸存者普遍拥有的工具，那一定是……霰弹枪了。利用霰弹枪，你能把渴望吞掉你的丧尸打得粉碎，还能用子弹"浇灌"目标。相比于《食品法》，我们还是更喜欢《导弹法》。再者说，我们也不能浪费粮食，否则就太不道德了！

实践出真知，于是，文森特·杜姆林和弗雷科斯·图因配备了一支莫斯伯格 500——北美大陆最常见的霰弹枪，以及 200 枚铅弹。拿着它，你只需站在距靶子 20 米远的距离随便射击即可。唯

科学的进步已经可以叫停了。

一要注意的就是不要特意瞄准靶心，因为蒙特·卡罗方法[4]的关键在于用随机数据估算出一个数值。一阵枪响之后，靶子上布满了

---

[4]　译注：又称随机抽样法或统计模拟法，是以概率和统计的理论、方法为基础的一种数值计算方法。此处影射的是摩纳哥赌场的赌局。

约 30000 个弹痕——只要数一数即可确认。从这一科学史上从未尝试过的实验中得到的圆周率值是 3.131，与真实值相比只有一个非常微小的误差（0.33%）。

也就是说，如果不久的将来丧尸来袭，储备些弹药还是非常有必要的。在这"迷人"的一天到来之前，劝大家还是靠记忆力记下圆周率的前 30 位数字吧。只要把这首四行诗的每个单词换成单词所含的字母数就可以了："Que j'aime à faire apprendre un nombre utile aux sages ! / ImmortelArchimède, artiste, ingénieur/Qui de ton jugementpeutpriser la valeur?/Pour moi ton problème eut de sérieuxavantages。[6]"无须暴力，我们就能得到 3.1415926……

---

[6] 译注：此段的中文翻译为"我想让聪明的你们记住一个非常有用的数字！/ 不朽的阿基米德，艺术家，工程师 / 谁能评判你的箴言的价值？/ 于我而言，你的问题意义非凡"。

有说服力的名字

你在等待一个非常幸福的时刻的来临，这时，像所有准父母一样，你要想出一个可以让孩子满意的名字。在选定美丽的"格雷斯托吉德西姆（Gresstrojndryhm）"（男孩和女孩都挺合适）这个你所知道的来自异国他乡的名字之前，先思考两秒钟吧。不用担心吹毛求疵的工作人员不愿意登记这个名字：就算是 Jason（杰森）这个"劣质"的美国名字的法语版 Djaizon，都是被承认的（这是真的），"格雷斯托吉德西姆"这个名字也会得到民事登记处的认可的。算了，还是来看看 2014 年 2 月《公共科学图书馆·综合》杂志上这篇新西兰人发表的文章吧，作者思考的是发音困难的名字对个人可信度的影响。

这个问题看上去似乎有些荒唐，但很多数据显示，它可远不止这样。比如，两种食品添加剂中，名字简单的那一个被认为更有益于健康。交易所里首字母缩写可拼读的股票的表现优于首字母缩写读起来拗口的股票。另外还有一个例子：人们会根据游乐场名字拼读的难易程度去评估其中的旋转木马的安全性。这群来自新西兰的心理学家们指出，人名是否可拼读其实是"后设认知信息"[1] 的一部分，这些具有伴随性的微指标虽然并不一定可靠、合适，却是我们对事物价值进行评估时不知不觉会参考的标准。

人名也是如此吗？从同类的姓名中，我们可以提取到他们的性别、种族或者社会阶层等信息。因此，阿梅黛·德拉罗什吉伯安特相比于杰森（又是他）·土肥农（真倒霉啊）[2]，所享有的人类的"先验认知"[3] 就是不同的。但是，对于两个相似的名字，如果其中一个难辨读、难发音，就可以否定它的持有者，否定这个人的言行举止和想法吗？

为了得到这个问题的答案，研究人员设计了一系列实验。第一组实验是从世界各地的报纸和网站上搜索姓名，按拼读难度予以分类列表。比如在东

"格雷斯托吉德西姆"这个名字也会得到民事登记处的认可的。

欧，阿德里安·巴贝什科（Andrian Babeshko）属于易读组，伊夫格尼·德尔兹斯基（Yevgeni Dherzhinsky）属于难读组。之后，专题小组对其中 9 对姓名进行了测试。结论是，看上去更常见的

---

[1]　译注：也称元认知，即对自己的认知过程，包括对记忆、感知、计算、联想等各项的思考。

[2]　译注：德拉罗什吉伯安特，法语姓氏 Rochequipointe 的音译，直译为顶峰的岩石或尖锐的岩石；土肥农，法语单词 Troufignon 的音译，本意为肛门，是粗话。

[3]　译注：先天或先验，通常意义上理解，同"经验"相对，意为先于经验的，但又是构成经验所不可或缺的。

易读姓名以及它们的持有者更值得信任……

第二组实验中，研究人员将姓名纳入表述中，"伊夫格尼·德尔兹斯基认为海龟是听不见声音的"，诸如此类。被试要说出这些表述在他们看来是真还是假。与前一个实验的结果相同，姓名易读的人说的话听起来比较可信。这些差异应该可以用认知学的说辞来解释，大脑更喜欢流畅的信息，而不是给它出难题的信息。因此，研究人员认为，也有必要考察一下诉讼中被告人、证人或是法医的姓名对他们可信度的影响……

回到你未来孩子的名字这个问题上来吧。如果你预测这孩子未来政治前途坦荡，那就选个简单点的、有说服力的名字吧（一个单词的），如尼古拉、玛丽娜、弗朗索瓦、赛格莱娜，等等，格雷斯托吉德西姆这类的还是算了吧。

狗狗的食粮，人类的肉酱

因为做不到厚颜无耻，因为害怕激起民愤，所以我们不会提这个问题：在这样一个有1/8的地球人还吃不饱的时代，一个救济站和爱心餐厅时常被公然鄙视的时代，为什么不用便宜的粮食，比如我们给宠物吃的食物，填饱那些空肚子呢？科学是不会容忍我们这样的迟疑的，在2009年一篇由美国葡萄酒经济学家协会发表的研究文章中，3位研究人员勇敢地探讨了这一问题。约翰·博汉农、罗宾·高德斯特恩和阿莱克斯·海尔什科维什在文中直白地询问，是什么阻止了我们将狗狗的食粮当成人类的肉酱。

卫生问题吗？狗粮厂用的可都是人类食品厂的余料和废料，肯定不可能……营养需求的差别吗？人类和犬类共食一桌饭已经有至少30000年的历史了，两个物种的饮食习惯几乎是一模一样的，换句话说，这种四足动物已经适应了两足动物的食谱。丁丁能吃的任丁丁也能吃，反之亦然[1]。那么，为什么奇姬塔[2]不跟她的

---

[1] 译注：丁丁，比利时著名连环画《丁丁历险记》的主人公，是一名勇敢的侦探；任丁丁，也被称为"丁丁神犬"，是一只被美国士兵在第一次世界大战后从法国的德国军工厂救出来的牧羊犬，1922年开始领衔主演了10多部电影，拯救华纳影业于破产的边缘，是有记载可知的最早的动物明星。

[2] 译注：电影《械劫装甲车》中的人物。

吉娃娃吃一样的食物？为什么北京人不跟他的京巴儿吃一样的食物？为什么德国的牧羊人不跟他的德国牧羊犬吃一样的食物？

也许这是口味问题，或者确切点儿说，是倒胃口的问题。就像我们的英国朋友无法理解英吉利海峡对面的人[3]可以津津有味地吃马肉（难以接受，不是吗？），就像一想到嚼蚕蛹、蝎子或是……狗肉，我们就受不了，而在另一片天空下，这却是人们习以为常的事情，那么，对狗粮罐头的不同态度充其量也就是文化差异的问题。但是，当我们不知道盘子里是什么东西的时候，会发生什么事情呢？我们能轻易认出梅多尔[4]的食物吗？

这就是约翰、罗宾和阿莱克斯想在双向盲检实验中得到的答案了。实验过程中，18位勇敢的被试也好，实验人员自己也好，

> 丁丁能吃的任丁丁也能吃，反之亦然。

都不知道端上来的是什么。有趣的是，实验选在了12月31日的早上进行，仿佛是圣-西尔维斯特节[5]聚餐的前奏。被试需要品尝5种实验样品：鸭肉糜、午餐肉、香肠、罐头肉以及狗粮。狗粮的成分十分引人遐想：主要成分是火鸡肉和鸡肉，还有鱼肉、大

---

[3] 译注：作者指法国人，法国人有吃马肉的习惯。

[4] 译注：Médor，法国人对狗的称呼，这种用法时常出现在小说作品中。

[5] 译注：每年的12月31日是法国的传统节日圣-西尔维斯特节，人们会在这一天为即将到来的新的一年祈福。

米、胡萝卜、亚麻籽、燕麦糠、干海藻、瓜尔胶[6]以及红藻提取物。这可不是一只浣熊就能解开的结[7]。每种样品都经过"磨碎—搅拌—加工"处理，以便看起来都是鸭肉糜的样子。品尝之后，被试需要按1（好吃，还想吃）至5（呕吐袋在哪里）给每种样品排序，并且猜出哪一种是狗粮。

　　结果还是有些出人意料的。尽管72%的品尝者都指出火鸡肉与鸡肉杂烩的味道是最难吃的，但18人中只有3人确定这是给动物吃的东西……对于这个矛盾，研究人员给出的解释是：既不缺盐，也不少辣。有这么多被试会搞错，那是因为在他们的想象中，按理说我们是不会给一只狗吃这么难吃的东西的！看来想要喂饱这颗星球上挨饿的人，还是得找找其他东西了。

---

[6] 译注：也叫瓜胶，原产于印度和巴基斯坦，一种高分子碳水聚合物，被广泛应用于食品、石油、医药等领域。

[7] 译注：原文直译为"普雷韦尔的清单"，用来指杂乱无序、无逻辑的堆叠、罗列。雅克·普雷韦尔（1900—1977），法国著名诗人、编剧，主要著作有《话语》《雨和晴天》《故事》等。这位诗人曾经以浣熊为主人公写过一首诗，在诗中，诗人将自己比作一只浣熊，以浣熊的视角观察人，提出了"人为何是人，浣熊为何是浣熊""浣熊会怎样思考它看到的世界"等问题，作者在此暗示了人与动物的身份互换与对等性。

玫瑰好闻是因为起对了名字？

写下下面引用的几行字的作者，应该从未对自己拥有嗅觉而如此后悔过，因为他参观的是"尸体农场"，一个位于美国田纳西州、全世界独一无二的科学基地，在这里，人们进行的是人类尸体解剖研究。在接下来的报告中，我注意到的是："与其他感觉不同，嗅觉在语言中是没有办法直接表述的。有多少研究对象，就有多少种嗅觉。这个像茉莉花一样好闻，但这个闻起来不是红色的、不是沉重的、不是苦涩的、不是粗糙的……不过在这里，闻起来就是尸体的腐臭，因为我们知道这个尸体不是简简单单的一只死掉的狗而已。"因此，可以这么说，气味的力量来自于人们赋予它的名词的力量，来自于这个称呼所联系的形象的力量。

这个观点是对伟大的威廉·莎士比亚的一个挑战，2014年我们庆祝过他诞辰450周年。在《罗密欧与朱丽叶》中，他写道："名字有何意义？我们称为玫瑰的花朵，换一个名字也一样芬芳。"蒙特利尔神经病学研究所的一个研究团队在2007年的《神经生理学期刊》上发表了一篇文章，想验证的就是这句台词。这项研究可以转换成一个非常简单的问题：如果我们所闻的贴着不同名称标签的瓶子气味相同，那么名称的不同会改变气味带给我们的感知吗？

为了进行这一实验，加拿大的研究人员召集了 40 名嗅觉正常的被试。他们不能喷香水，实验开始前一小时之内不能进食除水之外的任何东西。他们的任务是给出 63 种实验样品的嗅觉体验，判断气味的浓度和好感度，还要明确指出所闻的气味是让他们无感，还是让他们反感。很重要的一点是，在闻之前，他们需要大声读出卡片上所标的样品的名称。

事实上，他们需要闻的并不是 63 种样品，而是 33 种，其中 15 种会以 3 种名称出现 3 次，分别是一次正面的、一次中性的和一次负面含义的名称。比如，帕尔玛干酪的气味会以它的真实名称、"32 号"（中性的）以及一个极富想象力的名字——"干的呕吐物"（其实提到帕尔玛干酪，大家现在都会联想到干的呕吐物……）出现 3 次。凭借研究人员的奇思妙想，海藻变成了腐烂的鱼肉，泥土变成了人体排泄物，而丁香变成了……牙科诊所。

> 海藻变成了腐烂的鱼肉，泥土变成了人体排泄物。

实验结束后，研究人员发现，被试不仅没有发现 3 次给他们闻的都是相同的东西，连气味的魅力都有规律地被样品名称带偏了。最明显的例子就是帕尔玛干酪，它的好感度在"呕吐物"的作用下被"翻了3倍"（抱歉，其实正相反）。第二轮实验选取了另一批被试，采取同样的流程，结果证明，生理反应是会随着标签的变化而变化的，就像皮肤可以导电——人体排汗后，交感神经系统的高级神经活动会被扰乱——又或许与吸入的空气量也有关系。因此文章的作者认为，气味的名称会使吸入者的心理和生理反应都发生变化。对不起，莎士比亚，倘若被冠以"粪水花"的名字，玫瑰闻起来十有八九就不再是玫瑰了。

如何听着音乐睁着眼睡觉？

睡 觉时间到，确认一下你的起飞准备情况吧。

邻座已闭嘴 / 零噪声蜡质耳塞已搓软？没错。

遮光板已放下 / 眼罩已就位？是的。

电控智能弹簧软垫已放好？有了这个，即使坐在一只活蹦乱跳的小山羊旁边，你都能酣然入梦。搞定。

能让你安睡一整夜的利尿冲剂已下肚，膀胱已排空？是的。

看过一整晚电视之后，大脑已放空？是是是。

其实，只要沙漏人[1]来一下，睡神就能立刻拥你入怀。这说明，不得不承认，你的上述办法都只是些雕虫小技而已……那么，为什么不（或者一定程度上）反其道而行之呢？

这是半个多世纪以前，精神病学家、睡眠专家伊安·奥斯沃德曾经尝试过的事。1960 年，作为爱丁堡大学的教学研究员，他在一小撮勇敢的志愿者身上开展了两项实验，并把其惊人的结果

---

[1] 译注：民间传说中让沙子从手中掉落就能让观看者睡着的人。

发表在了《英国医学期刊》上。他对巴甫洛夫[2]的某些实验结果非常好奇，比如狗在强压下会倒地而眠或是进入某种麻木状态。伊安·奥斯沃德想知道，人的感官处于过兴奋状态时，在一定条件下是不是也会造成大脑运行的中断。

第一组实验中，他再现了现代文明"酷刑"中最恶劣的一种：歌舞厅。被试平躺下来，面部上方60厘米处摆放着一块方形板，四角分别安装上60瓦的电灯泡，并跟着音乐节奏闪烁。音箱播放的是蓝调音乐，声音很大，且无休止循环播放1小时。为了防止被试闭眼，他们的眼皮被粘在额头上的胶布固定住。为了防止被试的眼睛干涩，房屋内

> 他再现了现代文明"酷刑"中最恶劣的一种：歌舞厅。

还添置了一个可以提供蒸汽的烧水壶。为了"锦上添花"，实验人员还在每个"不幸"的被试左腿上绑了一个电击器，按音效和光效的节奏对被试施以电击。电流会引起脚部的突然抽动，就好像皮肤受到了不适的刺激。

在这样的环境里，你还能睡得着吗？实验开始后，3位被

2　译注：伊凡·彼得洛维奇·巴甫洛夫，俄国生理学家、心理学家，医师，高级神经活动学说的创始人，高级神经活动生理学的奠基人，条件反射理论的建构者，也是传统心理学领域之外对心理学发展影响最大的人物之一，曾荣获诺贝尔生理学或医学奖。

试（文章明确指出，这些人中可没有人受嗜睡症的困扰）只用了8~12分钟就进入了睡眠状态。其中两位是因非正常原因醒来的：由于设备缺陷，他们接收到了节奏被打乱的双击电流⋯⋯

第二组实验中，伊安·奥斯沃德撤掉了电击器，但被试需要坐在发光板面前，跟着音乐节奏一边摆动手臂一边跺脚。一段时间之后，被试就出现了短暂的意识丧失——持续3~20秒——并且这种情况出现的次数慢慢增多。但实验结束后，被试对此几乎没有任何记忆。

伊安·奥斯沃德在文章中对记忆缺失的原因提出了几点疑问。被试是像巴甫洛夫的狗一样，靠失去意识来避免更大的创伤的吗？还是感官机能在这种让人头晕目眩的节奏的刺激下进入了一种半催眠状态？不过无论答案是什么，对于夜总会震耳欲聋的舞池里的那些"僵尸"，我们都该知道是什么样子了⋯⋯

球员"跳水"的科学原理

没有人——除非是遭遇海难、流落荒岛的人——会错过 2014 年在巴西举办的这场全世界的足球盛事,我们说的当然就是世界杯了。即便是对运动不怎么感冒的男男女女,也能从这项比赛中找到几个科学研究的关注点。事实也正是如此,对研究人员而言,有了假摔艺术家们充满想象力的表演,足球场真是个不可多得的骗局研究大实验室。

曾几何时,抵住风力和潮汐力的作用、绕过腿和球鞋使出的绊子[1],仍能保持站立,都是足球运动员引以为荣的事情。而如今,一个个比海格力斯[2]都强壮的小伙子,一丝风拂过就摔倒了,就好像是脚下的钉鞋都被香皂替换掉了似的。当然了,很多时候摔倒都是因为犯规造成的,可是这草坪上的骗术传播得就像鼠疫一样快。这种"坏习惯"引起了一个澳大利亚研究团队的注意,他们研究的是动物世界中的骗局。理论上,为了生存,骗术的使用是非常有节制的,否则就成了《狼来了》的故事。只有既得利益增

---

[1] 译注:作者在这里带有讽刺的意思。
[2] 译注:古希腊罗马神话中的大力神,也叫赫拉克勒斯或赫丘利,神勇无比,力大无穷。

大时，欺骗信号的频率才会增高。不过问题在于，几乎没有什么动物能让我们检验这一观点。因此，一个想法应运而生：利用足球运动员和摄像机录下的所有细节。这不就是一个完美的动物体系吗？

在足球场上，信号发射方（就像受到了机关枪一阵扫射似的攻击而倒地哀号的球员）给信号接收者（裁判）发出一个信号（跌倒），接收者需要破解这个信号是真（他真的是被铲倒）还是假（假摔），并以此为依据做出裁定。在这篇 2011 年发表于《公共科学图书馆·综合》杂志的研究文章中，来自澳大利亚的研究人员全身心地投入了这项趣味十足的研究中：仔细观看法国、西班牙、德国、荷兰、意大利及澳大利亚甲级球队间的 60 场比赛。他们将每一声哨响的犯规行为分成 3 类：真实的犯规、肢体接触后夸大性的摔倒以及货真价实的假摔。

> 一个个比海格力斯都强壮的小伙子，一丝风拂过就摔倒了。

如理论所指出的，真实犯规的次数远多于假摔的次数。2803 次记录在案的摔倒中，只有 6 次是纯粹的"电影特技"。研究人员还发现，靠近对方球门时，球员"跳水"[3]的次数会增加两到三

3　译注：足球运动术语，因为英语中"跳水"和"假摔"都用 diving 一词，所以假摔也被称为"跳水"，做出假摔动作的球员也被称为"跳水球员"。

倍，也是在这一区域中，被"陷害"者受到惩罚的情况会更加频繁地出现，可能是因为裁判一般离假摔现场较远吧。此外，还有很重要的一个教训，那就是几乎所有骗局的制造者在比赛中都未受到任何惩罚……

为了完善科学"通天塔"中有关作弊球员这一部分的内容，我们建议世界杯裁判员们好好研究一下两位英国研究人员 2009 年发表在《非语言行为》期刊上的文章。文章着重描述了"跳水球员"的经典姿势，即拱形姿势，它因身体呈现出的不自然曲度而得名，而这种曲度在真实的犯规动作中是不可能出现的：头部向后，胸部向前，双臂整体向上抬起，腿部从地面弹起。当看到这种"燕式跳"的新花样时，我们会觉得，这些寻求突破的"回力球投手们"[4] 其实大可以在奥运会的另一个项目上有所成就，那就是高台跳水。

---

[4] 译注：这里的回力球指巴斯克回力球，是一种流行于西班牙全国和法国西南部地区的快速球类游戏，选手用由特殊材质制成的长勺形手套掷球，作者此处也是通过比喻以示讽刺。

胡须是上好的防晒霜吗？

有些东西我们是看不到的。可以说，这是无声的侵袭。夜里睡下的时候，我们会想，第二天以及以后的每个第二天，我们都会是原来的样子，日子就在这种平淡中循环往复。然而并非所有的东西都如此，比如第二天，我们就会看到，你自己也会看到的——你的胡子长出来了。但要注意：长出来的肯定不是像甘道夫 [1] 或圣诞老人那样的蓬蓬的大胡子，一顿酒足饭饱后，自己都分不清用来擦嘴的餐巾和自己的胡须。我说的是那种修剪考究的、只有几毫米长的胡子。欢迎来到"嬉皮士" [2] 的世界，为了划清自己与无须人士的界限，这些人蓄起了胡须，最终使自己的胡须成为对抗循规蹈矩之辈的武器。

他们对毛发的无上崇拜，该不会是从 2012 年《辐射防护计量学》期刊中的一篇文章得到的"神启"吧（其实"嬉皮士"跟大家一样，都闲得无聊，都"太迷恋"这本期刊了）。来自澳大

---

[1] 译注：英国作家托尔金的奇幻小说《精灵宝钻》《霍比特人》及《魔戒》中的人物。
[2] 译注：指 20 世纪六七十年代西方国家反抗习俗和当时的政治体制的年轻人，通过公社式和流浪的生活表达他们对当时社会的不满和反抗，后来该词带有贬义色彩。

嬉皮士在夏天

嬉皮士在冬天

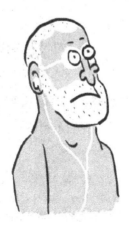

利亚南昆士兰大学的研究人员，即这篇文章的作者，是研究太阳辐射对人体的作用方面的专家，在这篇文章中，他们研究的是髭须对面部皮肤的保护作用。特别是在夏天的时候，这个问题显得尤为重要，刚好配得上这两行亚历山大体[3]的蹩脚诗：当弗比斯利剑之光来袭，不刮胡子的你能否获益？

为了得到答案，科学家们设计了一个实验。他们找了3位"嬉皮士"：一位留长胡子，一位留短胡子，一位临时刮掉了胡子。伴随着一声"科学万岁"的口号，3位"实验品"将自己钉在"烤肉叉"上，任凭自己接受太阳这颗恒星的"烤"验，然后我们会估算他们面部灼伤的程度和……等一下，这个实验设计该不会因为某某伦理道德的原因被叫停吧？真遗憾。

> 当弗比斯利剑之光来袭，不刮胡子的你能否获益？

还是得想想其他办法：3个塑料人形模特的脑袋被固定在一个每分钟旋转一周的平板上。这些模特跟某些女性一样，有个让人非常不解的脾性，那就是不能容忍脸上生长任何毛发（也许是自己偷偷除毛了呢），所以我们不得不求助于假发。第一个模特

---

[3] 译注：亚历山大体又被称为"十二音节诗体"，每行十二音节，作者提出的问题按单词音节计算正好符合这个规则，但并未严格遵循十二音节诗的创作规则，所以说是蹩脚诗；弗比斯是拉丁语中太阳神阿波罗的名字。

的脸上就让它光溜溜的，用作对比，第二个模特的脸上装的是一段短髭须，而第三个模特的脸上装的是长胡须（有9厘米呢）。这些毛茸茸的配饰覆盖住了一部分用于收集紫外线的胶条，胶条还分布于模特面部的多处：嘴唇与鼻子之间，面颊的上部、中部和下部以及下巴。旋转一小时后，这些"计量器"被取回，然后继续进行新一组的实验，使用新胶条，而且是当太阳爬到图文巴这座澳大利亚亚热带城市上空更高点的时候进行。

第一个模特的数据并没有给人什么惊喜，一小时内，这个拥有光溜溜的脸的模特所接受的紫外线照射量就已经超过了一天它所能接受量的最大值，而它的毛茸茸的"同胞"接受的紫外线照射量平均减少了2/3。研究人员认为，这是个有说服力但还不足够精确的结果，因为这只是个平均值：越接近中午，胡子的保护能力就越差。嬉皮士们，我的悲情英雄啊，正午时分还是戴上你们的阔边毡帽吧！

爱的咬咬

"曾经有位调查员想调查我，我就着黄油蚕豆和基安蒂[1]把他的肝吃掉了。"在根据托马斯·哈里斯同名小说改编的电影《沉默的羔羊》中，安东尼·霍普金斯成功演绎了这位有着恐怖嗜好——品尝落入他手之人的汉尼拔·莱克特博士。有些人，苦于没有任何机会让自己成为"食人狂"汉尼拔（或是一只3天来只有沙拉可吃的罗威纳犬，当它看到了一个肥嘟嘟的婴儿路过的时候……），这些人确实很有可能把他们的"獠牙"嵌进别人的身体里。他们会是谁呢？是为爱痴狂的情侣。

如果说科学变得不正经了，那不能只怨搞科学的人，也应该怪他们的研究对象。1990年，《英国外科学杂志》发表了一篇十分有趣的文章，作者默罕纳德·阿尔-法鲁吉是当时贝尔法斯特皇家维多利亚医院的一名医生，他在文章中介绍了7位因为浓情蜜意的小打小闹演变成牙齿咔咔作响的撕咬而被送进急诊室的患者。见鬼的吻痕、见鬼的咬伤，这些"感性"的伴侣对"共赴巫山"的理解可真独到……极具传道授业解惑精神的作者煞有介事地解

---

[1] 译注：意大利北部基安蒂地区产出的一种世界驰名的红葡萄酒。

释说，性高潮会导致下颌骨产生难以控制的痉挛，进而造成表皮组织的刺穿。

我们更愿意相信这是一种"吸血鬼"传染病，因为大部分患者被咬的都是脖子。拿这位 28 岁的男性患者来说吧，他刚结束了一段异国长途旅行，回来就遭到了女友猛烈、贪婪而且极度缺乏温柔的"袭击"。诊断结果：颈部右侧细菌感染发炎。另两位患者情况类似，也都需要打抗生素和破伤风针。阿尔－法鲁吉医生提醒道，人类的口腔尽管与狗嘴不尽相同，却依然是微生物的天堂：在这些咬伤导致的脓肿中，能检测到多种葡萄球菌和众多杆菌属病菌。另一个病例是一位 18 岁的小伙子，因颈部轻微出血就诊，若不是他的颈动脉扛住了"德古拉女友"的激情利齿，可能就会是严重的动脉失血了。

> 我们更愿意相信这是一种"吸血鬼"传染病。

有时，咬人者会瞄准略低些的位置。看看这位 19 岁的害羞的姑娘，她终于明白，原来自己胸部的肿块要怪罪于男友的牙齿——一个四肢不够修长的小伙子，由于显而易见的"力学－解剖学"缺陷，他实在够不到再高一点的地方了。还有一位女士，在蜜月旅行中被自己喝醉酒的老公夺走了一个乳头，只能求助于外科整形来重塑仅存的乳晕了。

我觉得第 7 个，也就是最后一个病例，是这则"精选集"中

最漂亮的一口（如果我可以这么说的话）。这位 35 岁的男性患者来到医院时，锁骨皮肤下有一个直径 2 厘米的肿块，他已经为此惴惴不安了 3 个月。外科医生为他做了手术，并从中取出了……一颗塑料牙齿。这位病人回忆说，头一年万圣节的时候，他喝了很多酒，然后认识了一位非常迷人的女士，她扮的是……吸血鬼。

（用过的）纸尿裤的气味

根据新的科学解释，恶心是一种能够让受其支配的人得到好处的生理反应：远离脏东西，闭眼或捂住鼻子，以躲避病原体的侵扰。但生活中仍然有需要我们克服恶心的情况，比如因为道德高尚而不得不咽下含有结核病菌的痰，也可能是不得不捡起掉进高速公路休息区坐便器里的手机。除了这些特别的状况（真的确有其事），在最基本的日常生活中我们可能也需要战胜恶心，因为我们需要给宝宝换纸尿裤。

在一篇刊登于2006年《进化与人类行为》期刊的文章中，一个澳大利亚—美国的研究团队研究的是：尿布台前的重复动作能否骗过恶心的感觉，说直白点，就是我们能习惯"慷慨的"宝贝儿留在纸尿裤上的"甜美"气味吗？为了得到这个问题的答案，研究人员首先给42位妈妈分发了一份调查问卷。（不要指责我们的科研人员性别歧视，相反，应该承认他们竟如此明智：毕竟很少有男人会将手伸向这摊黏浊物……）年轻的妈妈们需要通过回忆，记下面对宝宝们沾满便便、臭味扑鼻的屁股时的恶心程度，级别从1到7：1是"很容易，我一只手换纸尿裤，另一只手上是

炖好的小牛肘"，7 是"我要晕过去了，快给我嗅盐，我拿便便跟你换[1]"。这个小型调查的结论是，给自己孩子换纸尿裤的恶心程度要低于给别人的孩子换纸尿裤的恶心程度。

为了验证这一结论，还是要付诸实践。13 位妈妈被请进实验室参与一项嗅觉实验。她们需要带一个刚刚被自己宝宝"装满"的纸尿裤，12 小时之内的。至于研究人员，他们还在指望一位年轻的独立"生产商"，一个 16 个月大的宝宝，为他们提供待检样品呢。"货物"被保存在冰箱里，实验开始前 2 小时才取出，以便恢复至常温，保留它的"原汁原味"。

> 很容易，我一只手换纸尿裤，另一只手上是炖好的小牛肘。

自家宝宝和"捐献宝宝"的纸尿裤被放在两个桶中，参与实验的妈妈不会看到，但是通过一个装置，她们可以尽情"享受"其中的气味。根据实验目的的不同，纸尿裤可能是匿名的，也可能是指明姓名的……研究人员偶尔也会在不告知妈妈的情况下对调纸尿裤上贴的标签。妈妈们需要闻气味，并按 1 至 7 级评估恶心程度的级别。总体而言，妈妈们对自己宝宝排泄物的气味的恶心程度明显要低得多，哪怕她们并不知道桶里装的是什么，哪怕

---

[1] 译注：法语中嗅盐和便便的发音相似。

实验人员试图在"货"上做手脚。人们也许会觉得，之所以得出这个结果，也有可能是因为"捐献宝宝"便便的味道实在是太过"芬芳"了，但处理过所有纸尿裤的研究人员（多么美好的职业啊）保证，所有待检样品的臭味其实是不相上下的。

　　研究人员认为，这种恶心程度的降低可能有两个解释：要么是妈妈已经习惯了宝宝的气味，要么是她们能接收到味道中的携带亲缘信息的信号，这减轻了她们的恶心程度。这大概就是母亲的本能吧，当你用肚子装着宝宝的时候就开始有这种本能了。

回程好像要短一些？

在开始本篇的讨论之前，请允许我先回忆一段个人往事，那是 2003 年了，我去南极洲做采访。那是一段漫长的旅途：从中国香港转机，在悉尼再转一次，然后第三次，是在还是夏天的南半球于霍巴特登上星盘号，就是这艘船负责接驳塔斯马尼亚群岛与阿黛利地[1] 的法国迪蒙·杜尔维尔科考站。6 天的时间星盘号横渡"咆哮 40 度""狂暴 50 度"[2] 以及还没有名字的 60 度，因为还没有人疯狂到去过那里，除了极地科学家们。在 6 天的时间里我被困在一台"甩干机"[3] 里，蜷缩在床上，以防自己回程的时候薄得像张可丽饼；洗澡时则需要坐在淋浴室的地板上；我就像电影《十个黑人》里的角色那样，掰着指头数饭厅里消失的同伴，

---

[1] 译注：阿黛利地也称阿黛利海岸，是南极洲东部威尔克斯地海岸的一部分，从西部的克莱尔海岸延伸至东部的乔治五世海岸，临印度洋。此地于 1840 年被法国探险家杜尔维尔发现，并以其妻子的名字命名，迪蒙·杜尔维尔科考站则因探险家杜尔维尔而得名。

[2] 译注："咆哮 40 度"又称咆哮西风带，是水手对南纬 40 度到 50 度间海域的俗称。"狂暴 50 度"是水手对南纬 50 度到 60 度之间海域的俗称，在南极海上航行的船只在这个纬度范围会遭遇比咆哮 40 度区域更强的风暴和大浪，让船只产生强烈的摇晃。

[3] 译注：这里指被风浪吹得剧烈摇晃的接驳船，即星盘号。

一个接着一个，然后说服自己是因为晕船昏了头。当然了，回程也是颠簸坎坷的 6 天。可是，对于回程我却没有一丁点儿记忆了。

2011 年，在《心理计量学公告与评论》期刊上发表的一篇文章中，一个美国—荷兰的研究团队与我的感受如出一辙，他们管这个叫"回程效应"。因为经常要到国外参加研讨会，这些研究人员与我一样，都觉得去程比回程漫长，从旅途的两个方面——距离与时间来看，都是类似的情况。为了核实这种效应的真实性并尝试理解其中的原因，他们设计了 3 组实验。

第一组实验中，他们收集了十几个刚刚坐大巴往返于某地的乘客的感受。他们可以保证，两段路程所用的时间是相同的，而且乘客没有打盹。由乘客的反馈来看，回程效应确实是存在的。研究人员认为，有两种假设可以解释这种现象：可能是人们对路途的空间方位熟悉感起

在 6 天的时间里我被困在一台"甩干机"里，蜷缩在床上。

了作用，所以感觉回程缩短了；也可能是因为"期待值变化"——研究人员这样命名它——去程总是比预想的要长是因为我们已经能够清楚地知道回程中等待我们的是什么了，当注意力放在其他地方，时间就会过得比较快。

为了进一步证实回程效应的存在，他们开展了第二组实验，组织 93 名大学生完成一段往返骑行，两段路程距离相同但路线

不同，这样一来，回程也是一段全新的旅程，一个陌生的环境。不过，要剔除掉其中 8 名大学生的数据，因为他们迷路了，很可能是因为他们想抄近路，而谁都知道，他们其实选了两点之间最长的那段。排除这个小意外不算，回程效应依然存在，回程选一条新路仍然没有使该效应失效。最后，第三组实验中，被试始终……坐在椅子上，他们需要观看一段在自行车上拍摄的视频，路程时长 7 分钟，然后先干点别的事情，再观看时长同样是 7 分钟的回程录像。他们认为两段路程之间存在很大的差别（平均相差 22%）。

文章的作者将这一结果归因于"期待值变化"，如果解释为出发者与返回者在出发目的和精神状态上都不尽相同，那假设就完整了。在堵成一锅粥的假期高速公路上看我这本书的你，一边是行动缓慢的旅行拖车，另一边是满满一大巴车做鬼脸的调皮鬼，你就自我安慰吧：回程的路一定不会比这再差了，除非你把自己硬塞到一辆 19 吨的卡车下面。

每天我们究竟会讲多少谎话？

在电影《大话王》中，金·凯瑞扮演了一位反常的说谎者（好莱坞从不会搞砸一部好片子），因为作为一名律师，在整整一天的时间里他却无法说除真话以外的任何话，必须说真话，只能说真话。让一个说谎成瘾的人身处如此窘境并懊悔不已，对此我们可能会一笑了之。不过，如果我们是他，这整整 24 小时里，我们就不会这么尴尬吗？在真相面前我们可以放肆多少次呢？想想你的入职面试，想想你约会时的甜言蜜语，想想几小时后，当面对（或者是我们让你回答）"那么，你开心吗"这个问题时你的回答。

好了，每天我们究竟会讲多少谎话呢？研究心理学的人都非常想知道这个答案，但是真实生活与电影、电视是不一样的，当一个人说谎时，我们是很难看出来的。匹诺曹的基因还没有移植到人类身上，测谎仪的可靠性也仍待商榷。最简单的方法还是直接问说谎的人，这是 2002 年一个美国研究团队给出的办法。

这篇有趣的文章发表于《社会心理学基础与应用》期刊上，由 3 位心理学家组成的研究团队在文中讲述了如何让 121 对大学生进行一场 10 分钟的对话，以帮助研究人员分析初次见面时对话双方间的相互影响。我们会发现，实验是建立在一个双重谎言的基础之上的（真正的实验目的是被隐瞒的，参与者也不知道他们是被录像了的），但我们也不会说什么，毕竟理由正当。在每一对学生中，对话由一方的自我介绍开始，然后另一方继续，以保证对话顺利进行。10 分钟后，研究人员会公布实验真相，让每位"发言人"回看自己"高谈阔论"的录像，并指明每一处对真实想法的隐瞒。在他们不辞辛苦的回忆中，撒谎的情况包括听说一件事时，告诉别人自己同意对方的观点，而实际上内心的想法却恰恰相反，并且认为对方是个不折不扣的蠢货，或者是吹嘘自己得了"优"，而实际上才勉强拿了个及格。

实验结果：60% 的被试承认自己撒了谎，这也就意味着还有 40% 是诚实守信的老实人（研究人员认为这个结果非常值得怀疑）。如果我们将被试分为善于撒谎者、中间人群以及足够可信者 3 类，平均 10 分钟会出现 3 个谎言。实验的最高纪录是 12 个

> 匹诺曹的基因还没有移植到人类身上。

谎言（击败了金·凯瑞扮演的律师）。其中一位被试还试图将自己说成是一个摇滚乐队的明星（我们没有与他同组对话的女孩的照片）。

研究人员认为，这个实验足以说明每天我们的生活中掺杂着

多少谎言。身为作者之一的罗伯特·费德曼这样解释道："我们教育孩子，诚实是所有准则中最重要的一条，但我们也告诉他们，告诉别人很喜欢他们送的生日礼物是一种礼貌（即使真实的情况并不是如此——本书作者按）。在对谎言的实际判断上，孩子们接收到的是一种含糊不明的启示，这就会影响到他们成年以后的行为。"想象一下，圣诞节的时候，一个诚实的孩子对他的奶奶说："奶奶，不要再送我这样的玩具了，又笨又丑的，不过也没关系，我自己搞得定，到网上找个没什么眼光的人卖掉就好了。"你觉得如何呢？

吸气动作会传染吗?

鼻子,不仅保证了鼻整形术专家和眼镜商以及电影中可卡因贩子的财源,它还是嗅觉中枢。而在2014年1月的《化学感知》杂志上,一篇由以色列专家撰写的文章却将它错误地当成了一种具有低等官能的器官。在魏茨曼科学研究所[1]的神经生物学专家看来,对气味来源的定位是人类繁衍生息过程中的重要一环,我们在很多重要领域都能感受得到它的影响(是的,我懂,这太简单了),比如对食物的偏好、对煤气泄漏现象的检测或是对一份热腾腾的意大利烩饭的"侦察",甚至是对性伴侣的选择——也可以是对敌人的选择,想想"无法容忍"这个词吧[2]……

这些以色列专家想确认,就像眼睛会为我们指引危险或性吸引目标一样(即眼睛可以自动推断出我们所处的位置相对于引起我们注意的同类的方位与距离),当面对别人的"猎物"时,我们的鼻子也会加速呼吸。效仿《达尔顿兄弟的线索》里的蓝当普

---

[1] 译注:以色列雷霍沃特的一所大学兼研究机构,是世界领先的多学科研究中心之一。

[2] 译注:l'avoirdans le nez,法语俗语,直译为把某人/某事放在鼻子里,意思是对某人/某事暗怀敌意、无法容忍的意思。

朗[3]，快速吸气能够增加"获取信号"的机会（尽管如此，像蓝当普朗这种情况，多半也是行不通的）：加快吸气节奏，加大空气吸入量。

为了了解吸气动作是否会传染，专家们设计了一套巧妙的实验方案。他们邀请了 24 名被试，谎称要测算他们的体能数据。被试需使用一台由电池供电的呼吸测量仪，仪器通过一根鼻导管测算被试的空气吸入量。为了解闷，他们可以欣赏由帕特里克·聚斯金德的名著改编而成的电影《香水——一个杀人犯的故事》（以下简称《香水》）。不要忘了，电影主角让 - 巴普蒂斯特·格雷诺耶是用他的鼻子感知世界的，对气味的痴迷让他走上了谋杀之路——为了得到几位年轻姑娘身上散发出的香气而将她们杀害，我们将这些姑娘称为香水制作人的附带受害人。

> 为了了解吸气动作是否会传染，专家们设计了一套巧妙的实验方案。

影片《香水》播放的第一小时里共有 28 个具有吸鼻动作的画面，有的仅仅是动作画面，有的仅仅是动作声音，还有的则是图像和声音的结合。为了保证实验结果的准确度，电影的放映是在一间号称"无味"的房间中进行的：房间内配有过滤器和微粒

---

3 译注：法国系列动画片《幸运的卢克》中的一只德国牧羊犬，号称是这世界上最笨的狗；《达尔顿兄弟的线索》是这部系列动画片的第 30 集。

吸收剂，墙面采用不锈钢材质，以阻挡任何气味的渗入。但文章并没有说明他们有没有禁止被试在实验前一天吃菜豆。

不过，结果还是足够有说服力的：格雷诺耶先生真的很有号召力。看到他闻气味时，被试的呼吸也会加快、加重，哪怕是房间里并没有什么可以闻的气味……虽然呼吸的增幅只有几个百分点，但这足以让被试探测气味的能力增强 10 倍。文章明确指出，只有发出声音的吸气动作能引发这种镜子效应。研究者还不能确定这是一种简单的模仿行为（就像看到别人擦脸时，我们也会效仿），还是一种类似于打哈欠、笑或是预警机制传导的感染行为。我们不能强求这些专家用《华尔街之狼》这部片子重新再做一次实验，因为片中几位人物吸食可卡因的时间跟念台词的时间几乎差不多。

齐步走的"低估"作用

当海豚间有争斗发生时（当然是在水里而不是在空气中），进攻时发起共鸣的一队总能取得胜利。黑猩猩们则用齐声吼叫的方式展示种群的团结。而在另一种灵长类动物中，最优秀的战士是那些行进时步伐整齐划一的个体。"一、二、一，一、二、一……全体立定！"

好几项研究都显示行动的一致性能加强团队的凝聚力和合作能力。在一篇发表于《生物学快报》的研究文章中，美国的两位人类学家（其合作堪称完美）想知道，一部分人行为的协调一致会不会对周围的人产生潜移默化的影响，尤其是在发生冲突时。丹尼尔·费斯勒与科林·霍布鲁克都来自加利福尼亚大学洛杉矶分校（UCLA），他们想验证的推断是这样的：如果统一行动能让人自我感觉更强大，那我们就会觉得对手没那么危险、没那么强壮了吗？

这世界从来不缺战场，但因为做不到同步控制实验条件和"实验品"的皮肤"密封性"，费斯勒先生和霍布鲁克先生更愿意把他们的实验放在 UCLA 的校园里进行。他们邀请了一部分学生参与实验，并对真正的实验目的缄口不言，只说是为了评估运动与直观感觉间的关系——我就直接引述了。但文章提到，他们只选择男性被试，因为他们"对团体性的剧烈运动会更加敏感"。换种说法，男孩子才是打群架专业户。

96 位男士两两一组行进约 250 米，其中一半——参照组——自由行进，另一半则需要步伐一致。紧接着，所有被试要根据自己的直观感觉回答一系列问题。很多无聊的问题会掺杂于其中，以混淆视听（如这张糖果盒的黑白照片中有几种颜色，这位女士至多年岁几何——是的，想要误导一个男人，就跟他谈姑娘和甜点），其中有好几道问题是关于犯罪嫌疑人肖像的———一个只能看到脸部形象的男人。这个穷凶极恶的人有一张眉头紧锁、牙关紧咬的脸，看上去像是在思考到底该用手工锯条还是电锯切了你。

> 男孩子才是打群架专业户。

被试需要评估这个家伙的——我还是直接引述了吧——"身材特征"，也就是说，从 6 种身材中，选出他的身高（从侏儒症患者到两米的巨人）和肌肉类型（从柔弱的瘦子到像施瓦辛格似的型男）。相较于参照组，齐步走的人都"低估"了假想的罪犯。他们认为自己与同行的"另一半"是不可分离的（我是善意的，你们懂的……），这就让他们觉得敌人没有那么可怕、那么强大，

反而很容易"搞定"了。文章的最后,作者还想知道,如果说一部分人行动的一致性会降低他们对将要抵抗的风险的感知,那这种情况下会不会让人变得更加好斗呢,包括在赛场上?

气味的颜色

又到摘葡萄、畅饮葡萄酒的季节了。虽然生在一个盛产葡萄的国度，但"不正经的科学"系列的作者不得不坦白：他讨厌一切酒精类饮品，无一例外。于他而言，无论是波尔多、勃艮第还是加利福尼亚的葡萄酒，无论是白的、红的还是玫瑰红的，每一瓶都会折磨他的上颌。但也正是因为如此，这个悲惨的可怜虫反而对巴克斯[1]的子子孙孙都非常感兴趣，他们让很多画面变得生动起来——"你看，可可、醋栗的味道最浓，夹杂着一点桂皮的味道，还有一丝丝可可粉和甘草的香气"——描述得令人如此陶醉的芳香，对他来说不过就是一股酒糟味儿。

兴趣归兴趣，他绝对不上当！现在，报仇的时候到了（哈哈！）。面对关于酒的无稽之谈的时候，该亮出来的就不是酒瓶了，而应该是一击毙命的大招——一篇刊登于 2001 年《智慧与语言》杂志上的文章，作者是 3 位来自法国的葡萄酒专家，其中两位还是波尔多大学葡萄酒工艺学院的研究员，他们都是能让葡萄酒爱好者们喝到见瓶底的一把好手。这篇文章的观点是，在对

---

[1] 译注：罗马神话中的酒神和植物神，相当于古希腊神话中的狄俄尼索斯。

所收集到的信息进行辨别和处理的过程中，嗅觉是最没用的一种感觉。其他感觉所具备的分类功能嗅觉是没有的：我们闻不出来蓝色还是红色，咸的还是甜的，低沉的还是尖锐的，热的还是冷的……我们对气味的辨别只能依赖于它的散发主体。

3位作者想知道，既然嗅觉与语言之间的关联如此薄弱，那它会不会受到其他感觉的影响，尤其是人类身上最强大的感觉——视觉。于是他们设计了一组非常"狡猾"的实验，他们邀请了54名葡萄酒工艺学专业的大学生——真残忍……进行两轮嗅觉实验。第一轮实验中，被试需要闻两种葡萄酒的气味，一种是波尔多红葡萄酒，另一种是波尔多白葡萄酒，并罗列出所能代表其中味道的词汇。

一周后，再次面对这两种酒时，他们需要将这些词重新归类到对应的两种酒上。而实际上，这一次杯子里只有一种酒：白葡萄酒。酒被端来时要么是原样，要么是加了几滴着色剂。结果会发生什么

> 我们闻不出来蓝色还是红色，咸的还是甜的，低沉的还是尖锐的，热的还是冷的……

呢？"红葡萄酒"被闻出了欧洲越橘、覆盆子、樱桃、草莓、哈瓦那烟叶、巧克力、黑加仑、柏油、煤等的味道，而白葡萄酒被闻出了柠檬、麦秆、香蕉、蜂蜜、荔枝、硫黄、花生、黄油、甜

瓜、水蜜桃甚至烃的味道……你们会发现，"红葡萄酒"被嗅出的成分都是红色或深色的，而白葡萄酒被嗅出的成分都是黄色或浅色的。

和我们的这篇文章一样，3 位葡萄酒专家所写的文章题目也叫《气味的颜色》。文章认为，"红葡萄酒"携带的颜色信息抑制了嗅觉的判断力。我们会产生一种类似于"形重错觉"[2]的意识，比如质量相等的情况下，我们会认为旅行箱比公文包更重，因为旅行箱箱体更大。在知道酒的颜色后，我们的大脑会预料到鼻子可能会闻到的气味……

假如有人告诉你，在新西兰，人们喜欢一种闻起来像猫尿的苦味酸盐（真的叫"Cat's Pee"），你一定会觉得这东西是白色的。如果是上述文章的作者，毋庸置疑，除了气味，他一定认为这东西尝起来也会像猫尿一样。

---

[2] 译注：心理学概念，指通过视觉认识外形后产生一个物体重于另一个物体的错觉。

心脏移植会改变性格吗？

卡尔玛公司宣布，第二例由其研发的人造心脏的移植手术会在 2014 年 8 月进行，手术对象是一位不能接受传统心脏移植的患者。我们想知道，放一台机器——一个非人体所有的却与血液亲密接触的装置——在胸腔里运转，这个人会有什么感觉。我们之所以会这样问，是因为这也是 1992 年发表在《生活品质研究》杂志上一篇让人不安的文章的"心里话"（指主要内容），如果可以这么说的话。文章的作者是来自奥地利维也纳大学医院的 3 位外科医生和一位精神病学家，他们想知道，此类移植会不会诱发被移植者性格上的改变。

在心理学研究层面，心脏移植与其他移植手术是不同的。一方面，它意味着需要耐心地等待另一个人的死亡；另一方面，文章解释说，心脏移植会导致"大规模入侵"，因为在集体想象中，心脏不只是一个简简单单的泵，它还是爱情、感动和勇气的发源地。

文章的作者认为这一主题并非毫无意义，因为考虑到对"本我"稳定性的威胁，移植后心脏被接纳的过程是非常复杂的：尽管为了避免移植物遭到生理排异，要注射免疫抑制剂，但仍然会

伴随可能存在的心理排异现象，通常表现为器官接受者对捐献者某些行为的担忧，或是某些男性患者拒绝接受移植女性捐献者的心脏。因此，奥地利"四人组"想到了一个非常实际的办法，就是向当事人求证，问问接受器官移植的人，他们有没有觉得自己获得了之前所没有的性格。47 名年龄从 17 到 66 岁不等的患者在心脏移植手术 3 个月之后接受了采访。其中，37 人认为自己和之前一样，7 人认为生活与原来不同了，但并不是因为新器官，而是因为他们刚刚与死神擦肩而过。

不过，最后的 3 位患者的感觉与众不同。第一位患者从此开始向往宁静的生活，因为前心脏所有者特别喜欢安静的环境。第二位患者是一名 45 岁的男性，他突然开始喜欢戴上耳机，将音乐开到很大声："新车、新环绕立体音响，这就是我现在的梦想。"当我们知道他移植的是一个 17 岁男孩的心脏后，就更能理解这一点了。

因为我不再是她当初嫁的那个人了，我会给大主教写信的……

至于第三位器官移植者，他觉得捐献者仿佛就在他身体里，正在与他一起老去，他觉得自己是两个人。当有人问他近况时，他的回答是："我们很好。"出于对妻子的忠诚，他想请神父再主持一次婚礼："因为我不再是她当初嫁的那个人了，我会给大主教写信的……"不过，不确定大主教会不会承认这"显而易见"

的"重婚行为"……

　　跟笑话比起来，这篇文章的主题还是要严肃很多，它指出，心脏可不是一个"在精神层面上反应迟钝"的器官，在这一问题上，我们仍然受困于前人的想象中停步不前。还有个问题，接受人造心脏的移植者会不会像菲利普·K.迪克说的那样，梦到电子羊呢[1]？

---

[1]　译注：菲利普·K.迪克，美国科幻小说家，他的多部作品被改编成电影搬上大银幕，其中《机器人会梦见电子羊吗》被改编成《银翼杀手》，并取得了巨大成功。

想增肥，就跟胖子一起吃饭吧

肥胖尽管不是一种传染病，却还是被冠上了"肥胖症"的名字，吹圆了各大洲人们的腰围。目前，肥胖离开了富裕国家的安乐窝，向发展中国家走来，在这里，它可以祸害将近 10 亿人。大胖脸、嘟噜腮、啤酒肚的世界是没有国界的。引起这种现象最常见的原因，有不平衡的饮食习惯、久坐不动的生活方式，或是显而易见的情况——热量摄入量超过了人体所需量。不过，很多隐性因素也会促进食物的摄入。25 年前，美国的一项实验证实，当被试在他人陪伴下就餐时，他们吃掉的食物比独自一人就餐时增加了 44%。

2014 年 9 月发表于《胃口》杂志的一篇文章中，另一个来自美国的团队尝试进行更进一步的研究，他们思考的不再是宾客的陪伴影响了热量的摄入，而是宾客的……身材。与超重的人一起吃饭，我们也会增重吗？在这里，我们舍弃了现在常用的语言，比如猫不叫猫，而叫小型猫科动物，中年人叫"50 后"，老年人叫"50 前"，盲人叫视力障碍者……听着不习惯？那还是说直白点，跟胖子一起吃饭，我们也会变胖吗？

为了获得这个问题的答案，研究人员策划了一次活动，研究大学生的饮食行为。他们邀请一部分大学生参加一个小型自助餐会，学生被分为 8 组，可享用面食和沙拉。实验人员预先证实过，大学生普遍认为，面食（番茄肉酱意面）属于营养不均衡的食品，相反，沙拉与面食相比每千克的热量是其 1/8，是典型的营养食品。被试不知道的是，他们中间混进了一位"不速之客"。

这位实验人员的"同谋"假扮成一位普通大学生，或者正常身材（身高 1.65 米，体重 57 千克），或者穿戴上"肥胖假体"，让她看上去有 80 千克重，不管怎样，她总是第一个开吃。每次她都会尽力让别人注意到自己，如大声询问是否可以用两个盘子分开装食物；为了让别人看到她盘子里沙拉的分量，盛好之后她会故意让叉子掉在地上，再要一把新的；最后，她会坐在离餐台最近的地方，以便让各位同桌进餐的人看清楚她托盘里的东西。

> 很多隐性因素也会促进食物的摄入。

结果令人相当惊讶。当"女同谋"穿上米其林的必比登轮胎人装扮时，被试吃下的面条比她以正常身材入席的时候要多得多。研究人员认为，与身材肥胖的人一起吃饭，告诉我们要注意饮食平衡的那个微弱声音会变弱到消音（"放开了吃吧，你看你体重上涨的空间还绰绰有余呢！"）。他们还发现，当身材肥硕的"女同谋"大吃沙拉时，同席的人会减少自己每一次的蔬菜取食量 [1]，以此显示他们也不节食。不过，这么做怎么更像是为了跟备受谴责的肥胖人士划清界限呢？

———

1 译注：即增加取食次数。

夫妻间持久的"政治味儿"

对家庭"和平"感兴趣的科研人员，最终都会选择从生物学角度入手，他们认为，关系亲密的父母能给孩子带来持久的益处。而父母关系融洽，多半是因为他们可以在对方身上发现与自己相当多的共同点。很多研究都显示，共同点中排在第一位的是宗教信仰（或者是没有宗教信仰），而这一共同点并不是排在喜欢油煎松饼还是喜欢羊角面包的前面，而是在……"政治倾向"的前面。2014年刊登于《美国政治科学》杂志上的一篇研究文章指出，60%~75%的伴侣，双方都会投票给同一党派，这比偶然性导致的结果可要高得多。

惊讶于这种"同观念"现象[1]之余，文章的作者还想知道，在对伴侣的选择中，除了社会文化的运作机制——"小姐，你跟父母一起住吗？/你把选票投给谁？"——纯粹的生物运作机制能让我们判断出对方的政治倾向吗？比如，老鼠就能通过气味辨别潜在配偶与自己的免疫和生殖系统的匹配度，那我们是否也可以

---

[1] 译注：意为同配生殖，或指同一社会阶层间的婚姻，此处作者指持相同政治观念的夫妻。

通过闻气味自然地判断出，这个给我们印象这么好、伦巴跳得这么好的人，和我们是不是同一阵营的呢？

为了回答这个问题，研究人员做了个实验。他们邀请到十几位纯粹的共和党男士，以及相同数量坚定拥护民主党的男士。首先，他们要用无味的香波和香皂洗个澡，然后在腋下贴上一张可收集气味的胶布，携带 24 小时。研究人员明确指出，这段时间里，他们被禁止"吸烟，喝酒，使用除味剂或除味香水，接触浓重的气味，接近蜡烛或动物，吃味道浓重的食物，做爱（为了不沾染体味），与别人或动物一起睡觉"。

24 小时后，胶布被收回，放在无菌箱中，保存于零下 32 摄氏度的环境里。一周后，在公布了他们的政治立场后，125 名女性被试需要闻这些样品——既不知道样品出处，也不知道实验目的——并评价气味的魅力指数。每闻一次后，她们都需要让鼻子在蘸有薄荷精油的纸片上过一遍再重新开始。你觉得结果会怎么样？实验人员发现，被认为"最吸引人"的胶布

小姐，你跟父母一起住吗？／你把选票投给谁？

基本都源自于政治派别与女性被试相同的人的腋窝。一位被试甚至希望能带走一小瓶，因为这是"她闻过的最好闻的气味"，而几分钟之前，一位支持对立党派的女士在闻过相同的样品后表示，这东西闻着有一股"哈喇味儿"。

你可能想知道政治立场是如何从体味中"散发"出来的——"散发"这个动词用在这里是对的——研究人员说，这项研究可以证实，生理与思想之间，嗅觉与喜好（厌恶）之间，或多或少是存在着一种固定联系的。下次你在抱怨某位选举人的时候说"这个人，我跟他不对味儿[2]"时，可以再加上一句："这是有科学依据的。"

---

[2] 译注：此处指难以忍受某人的意思。

我们会从双脚被灌醉吗？

在丹麦的民间有一个说法：把脚浸泡在酒精中，我们就可能被灌醉（斯堪的纳维亚半岛的冬天非常难熬，这个说法确实需要引起重视）。也许有人会说"无稽之谈！还是说点别的吧"，那他可就太轻视这个问题了。事实上，我们会从双脚被灌醉这个说法，与某些我们读到的消息比起来，并没有显得多么离谱，比如，婴儿在使用酒精纱布后，因皮肤吸入乙醇造成中毒致死，等等。

2004年进行的一项实验也显示，医疗工作者为杀菌而使用的酒精类无水洗手液中的异丙醇会渗透到血液中。这是一种显而易见的现象，尽管酒精含量极其微小（0.0018克/升），可当警察让你吹气袋的时候，你可不能说"警察先生，我向你保证，嗝儿，我真的没喝酒，我只是洗了个手而已"，这是行不通的。

既然酒精经皮肤吸收是有迹可循的事实，那丹麦民间的这一说法就值得去验证。来自哥本哈根北部的希勒勒市医院的研究团队勇敢挑战了这一学术界的"安纳普尔纳峰"，并将他们幽默感十足的研究成果发表在了2010年的《英国医学期刊》上。他们

招募了 3 名志愿者，你会发现这是最神奇的巧合，因为他们正是这篇文章的作者，其中两位是男士，一位是女士，都不酗酒，也没有任何匿名加入酗酒人员互戒协会的可能。测试开始前的 24 小时里，3 位都禁止饮酒。不过，他们倒是可以用搓澡巾好好搓搓脚，把死皮都清理干净。

实验人员偷偷摸摸地将 3 瓶伏特加带进实验室，然后一股脑倒进了……一个塑料大盆里（如果我现在不插入这句话，我这辈子都会后悔——"不管多小一瓶，喝的人都会醉"），接着就可以"填鸭式……喂脚丫"了。被试需要将脚在伏特加里浸泡 3 小时。护士每 30 分钟会给他们抽点血，然后迅速检测，以防出现血液酒精浓度猛增的情况。自体实验的风险从未被这么重视过。

这 3 小时也是要好好利用的，被试需要记录自己身体的变化，守候醉酒状态的第一批信号：我是不是感觉越来越自信了？我的舌头是不是变软了？我是不是有吻身边人的冲动了？没有任何因素是偶然的，实验人员甚至测量了脚和这盆液体的接触面积。

> 警察先生，我向你保证，嗝儿，我真的没喝酒，我只是洗了个手而已。

结果……就是没有任何结果。即使酒精渗透进了人体器官，但渗透量仍然徘徊在可检测到的门槛之外。研究人员明确指出，被试脚部的皮肤非常干净、柔软，但研究人员并没有说他们把伏特加怎么样了。文章总结道，传说就是传说，并且指出"带几瓶伏特加开车或者开船（丹麦有上百座岛屿）应该是没什么危险的"。作者借此机会也提醒我们，另一个民间说法也是有待考证的，那就是，把脚泡在甜菜汁里会让尿液变成红色。尿桶就在你手里哦，试试看吧。

如何合理空投毒老鼠？

直到 20 世纪中期，太平洋北部的关岛都是一个伊甸园。

可是每次提到伊甸园，事情总会被一条蛇搞砸。棕树蛇，一种体形巨大的棕色树栖蛇，当初可能是通过偷渡船抵达关岛的。岛上没有能控制住这种爬行动物数量的肉食类动物，所以棕树蛇唯一的烦恼只是在这么多猎物中不知道该挑选哪一种才好。

棕树蛇用蜥蜴和蝙蝠把自己的肚子填得满满的，别忘了，还有各种鸟类，好几个种类都被它送进了坟墓。它在岛上泛滥成灾，以至于在这个生活着约 200 万居民的岛屿上，每 10000 平方米的土地上就有超过 50 条棕树蛇。虽然它的毒素不能杀死一个成年健康男性，却足以威胁到一个孩子的生命。它还有个恶习，就是破坏电力设施，造成短路，每年的维修费用就高达几百万美元。最重要的，关岛是太平洋上空中交通和海上交通的枢纽，因此这种蛇再次冒充偷渡客登陆其他伊甸园（比如夏威夷之类的）的可能性也不是没有的。

近 20 年来，岛上的居民一直靠捕兽器，甚至徒手捕捉来清除这个入侵者，但是在地势高低不平、难以从陆路进入的地区，这些办法便失去了作用，只有靠空投了。2007 年，在一次关于侵袭物种管控的研讨会上，来自美国野生动物研究中心的研究团队提出，他们可以在美国海军直升机的帮助下，尝试空投……注射了对乙酰氨基酚 [1]（只需微弱剂量就可致棕树蛇死亡）的老鼠。与科学和军队对峙，毋庸置疑，棕树蛇可真是遇到对手了！

这一方案很快就遇到了一个让人哭笑不得的难题：他们要想办法让降落伞恰好挂在树上，因为如果老鼠掉在地上摔死了，就会被其他动物——猪、红树巨蜥、寄居蟹、海蟾蜍——吃掉，诱饵就没了。不仅如此，降落伞还需要选择可降解的材质制作，但也不能降解得太快。因为第一次尝试的结果显示，以玉米淀粉为主料制成的纸板制作的降落伞经历一场雨后就废掉了。

> 这一方案很快就遇到了一个让人哭笑不得的难题。

因此，研究人员尝试了多种方法，运气却不怎么好。比如，他们通过直升机投放了 20 只绑在黄麻绳上的老鼠，这真的是一次值得纪念的惨痛失败。尽管佩戴了无线电发射装置，有 1 只老鼠还是彻底失踪了。剩下的 19 只中，只有 5 只挂在了树上。还应该去掉另外 4 具骨瘦如柴的尸体，因为它们从装置上滑脱了。唯一"幸存"的老鼠尸体被……蚂蚁吃掉了。

---

[1] 译注：扑热息痛。

　　但科学对人类来说是一场耐力的较量，从事科学研究的人都善于在实验中学习，哪怕是被人嘲笑的失败案例。2013 年，上千只绑在纸板降落伞上的老鼠被直升机从森林上方扔了下去。想知道这些注射了对乙酰氨基酚的"空降兵"能否把伊甸园变回来，我们还需要等些日子。

防屁坐垫测试员

说 到尿屎屁，这本书前文只涉及了其中两种，即其中的液体和固体，"严谨地"将其中的气体丢在了一边，因为它实在是太难以捕捉了。但是，没有什么可以阻止"不正经的科学"的研究人员，因此，对这 3 位"无力之风"大师的研究结果避而不谈是非常无礼的，确切来说，就是来自美国的 3 人研究团队 1998 年在《消化道》杂志上发表的一篇大作。

在这篇文章的引言中，3 位科学家解释说，虽然之前很多研究关注的是人类胃肠胀气的总量和肠道消化的结果，但没有一项研究给这种微量硫化气体定过量，当我们和另一个人同乘电梯时，我们的鼻子最爱探测的气体"真身"正是它。为了填补这个不可饶恕的空白，他们设计了一套非常精密的实验程序，因为只要问题被优雅地提出来，科学就要给出一个答案。研究人员招来 16 位健康成年人，为了增强排气能力，他们需要在实验前夜和当天早晨吃饱喝足：200 克干四季豆，15 克乳果糖口服液（一种众所周知的能引起胀气的糖类）。这之后，感谢斐迪南·冯·齐柏林[1]，

---

[1] 译注：德国贵族、工程师、飞行员，人类航空史上的重要人物之一，因为他发明了齐柏林飞艇，还创建了齐柏林飞艇公司。

我们就等着这些勇敢者通过一根插入直肠的管子，把塑料袋装满就可以了。

如果只满足于测量眼前这些气体的浓度，那研究结果也就没什么说服力了：还需要确保它们是真的臭才行……为此，两位嗅觉发达的审核员幸运入围，出于礼貌，我们就不叫他们"闻屁专员"了吧。一支装满"气体"的注射器被置于距离鼻子3厘米的地方，"芬芳"的"气体"被慢慢挤出来，审核员需要记录味道的浓度，分为从 0（哦，什么也闻不到）到 8（老天，这不可能是人放出来的）9 个等级。

> 因为只要问题被优雅地提出来，科学就要给出一个答案。

实验结束后，研究人员的结论是，我们之前说的"有罪气体"的"主谋"是硫化氢——臭气弹[2]中的气体——还有甲硫醇和二甲基硫化物。他们还发现，女性的屁量虽然没有男性那么多，但其中的硫化成分密度更高，所以闻到的效果与男性是相同的。

研究人员并未就此止步（不然就太遗憾了），他们还想测试一种商业产品的功效，就是用来过滤这种令人作呕的消化道气体的产品。这是一种覆盖了活性炭的泡沫，这种合成物能吸收掉厨房排风口的大量味道。我们的科学家用聚对苯二甲酸乙二醇酯[3]制

---

[2] 译注：用于恶作剧的小玩具，破碎时会发出恶臭味。

[3] 译注：简称 PET，是一种广泛应用于生活、生产中的化学合成物，可纺成聚酯纤维，即涤纶，也广泛应用于电子电器、塑料、薄膜、零部件等的生产领域。

成一种气密裤，在其底层涂上这种过滤泡沫。然后，8 位志愿者穿上这种裤子，裤型紧卡腰部和大腿，以免气体泄漏。实验人员可没有逼他们来一场"贝托曼秀"[4]，而是通过他们肛门部位豁口处的导管，收集到了等量的"再加工消化道气体"。当然了，实验人员肯定也会测量出从这一"密封装置"中"逃跑"的气体量。实验证明，这种产品的效果相当不错，吸收掉了 90% 的硫化气体。

臭气弹、防屁坐垫，谁说搞科研的人就不会玩了？

---

[4] 译注：约瑟夫·普约尔（1857—1945），人称"勒·贝托曼"，法国滑稽剧演员，因为能控制腹部肌肉随心所欲地排气而出名，曾在红磨坊演出。

老鼠听得懂倒序日语？

不用再对动物实验展开第 N 次的争论了，我们早就该承认，实验室里的小白鼠从来就没安生过。你换位思考一下，有的科学家给你吃转基因玉米，就为了看看你是会得癌症，还是会长出第五只爪子；还有人会让你后背上长出一只人耳；第三类实验就是让你来测试各种分子（是待测药品还是毒药，那都不一定）；有的人甚至乱动你的 DNA，激活或消除一个基因片段，就是为了把你变成一只荧光闪闪的啮齿动物。有这么一位白大褂，他想砍掉你的脑袋，不是为了让你去探寻老子珍贵的"道"，而只是想知道，脑袋被砍掉之后大脑还能存活几秒，你没落到他手里，是不是觉得自己特别幸运……

然后有一天，你遇到了这样一群研究人员，谢天谢地，相对于你的身体，他们更感兴趣的是你的头脑，他们还会和你聊天，甚至给你听录好的句子，看你是否能单纯靠音律分辨两种人类的语言——日语与荷兰语。既然他们能用食物奖励你的好成绩，那他们也可以通过断粮来"激发"你的食欲嘛。

实验用了 4 组老鼠。第一步是专攻音素经过简化的句子：所

有元音都是 [a] 的，所有辅音都是 [s] 的，爆破辅音都是 [t] 的，流音都是 [l] 的，等等。20 天里，他们通过分别播放 16 句日语和荷兰语对你进行训练。之后，实验小组一分为二，如果你的任务是辨认出川端康成的语言，当你觉得听到的是日语时，就压一下手柄。如果判断正确，你就会得到食物，反之则什么都没有。这个热身结束之后，实验才可以说正式开始：他们给你播放 4 句你从未听过的语言，看看你是否能够"活学活用"。

另外 3 组老鼠参与了这个实验的衍生版本。其中一组听同样的录音，但是是倒序播放的！另一组听真正的、未经简化过的句子，但这些句子是由一个人录制的。而最后一组听的是由多人录制的话，这使得任务更加复杂，因为每个人都有各自的音调、节奏、口音等。

这确实是一个真实的实验，相关文字就发表在 2015 年的《实验心理学期刊：动物行为过程》上。让老鼠听倒序日语或荷兰语，想不认为这很神经病都很难吧，可这就是"不正经的科学"的魅力，让人扑哧一笑，然后略有所思。因为实验

你遇到了这样一群研究人员，谢天谢地，相对于你的身体，他们更感兴趣的是你的头脑。

结果真的很惊人：跟婴儿虽然不明白话语的含义，却能很快辨别出母亲的声音是一个道理，这些啮齿动物经过训练后，也可以分

辨出驯服它们的两种语言。实验还指出，老鼠没能做到的（辨别播放的倒序语句），人类的小孩也同样没能做到。更深刻的思考应运而生，那就是，我们靠词语、音调辨别声音的能力，其直接根源在于哺乳动物分析声音信号的能力，而语言正是依托声音来表现的。感谢老鼠们。

用高鞋跟来吸引男人？

南布列塔尼大学的行为科学家尼古拉·葛刚是我们这本书的常客。这伙计与他的学生在设计巧妙的实验程序方面可谓天赋异禀，他们设计的实验一般都是为了探明人类那些无意识的举动和意图，尤其是在"勾搭技术"这一领域。热腾腾的牛角面包的香味是花花公子的好帮手吗？是他的实验。浪漫的音乐会让姑娘们把持不住吗？还是他的实验。姑娘们搭顺风车的"成功之道"——驾驶员当然是男性——取决于她们的外貌吗？又是他的实验。多亏了这位"不正经"的布列塔尼人，我们得以知道，一个金发、丰满、穿着红色 T 恤的姑娘要想从巴黎到符拉迪沃斯托克[1]，她需要在柏油马路上等待的时间不会超过 5 分钟。

尼古拉·葛刚最近的一次研究发表在了 2014 年 11 月的《性行为报告》上，这次他感兴趣的是一件用于勾搭的致命武器：鞋。确切地说，是鞋跟的高度与周围男性献殷勤之间的关系。在几位年轻女性的帮助下，我们的研究人员完成了 4 次实验。在其

---

[1] 译注：原名海参崴，俄罗斯在太平洋沿岸最重要的港口，距巴黎 12000 千米左右。

中一次实验中，4 位女士（一样的身高，一样的体重，一样的胸围，一样的穿着）先后与 360 位男男女女搭讪，询问他们是否愿意参加一个关于饮食习惯的问卷调查。她们每个人先后穿了 3 双鞋（平跟，5 厘米高的鞋跟，9 厘米高的鞋跟）。结果令人大开眼界：鞋跟越高，男士就越愿意分享自己的菜谱。回答率从平跟鞋的 41.7% 攀升至高跟鞋的 81.7%，同时，被询问的女性回答率也很稳定，从 30% 攀升至 40%。

另一个实验中，女实验员在街上锁定"目标"后，要走到"目标"前面，漫不经心地把手套掉在地上。姑娘的鞋跟越高，充满骑士风度的绅士们手套捡得就越积极。根据记录，鞋跟最高的姑娘遇到的 93.3% 的男性都非常乐于助人。相反，每次女性捡起手套的概率都只有 50% 左右。最后的实验是在一个酒吧里，年轻姑娘独自一人，看上去像在等待戈多[2]。而实际上，一名观察者正在计时，看旁边的花花公子们多久会过来搭讪。毫无疑问，女性的鞋跟越高，这些用下半身思考的男人就越急着过来嘚瑟（穿高跟鞋的，平均 7.5 分钟；而穿平跟鞋的，需要 13.5 分钟）。

为了弄明白男人为什么会更喜欢脚踩高跟鞋的姑娘，尼古拉·葛刚提出了好几个说法。我们知道，细鞋跟会迫使姑娘们的盆骨前倾，让她们扭动胯骨，这就会将男人的注意力吸引到她们身上某个多肉的丰满部位。但这个说法对酒吧里的实验是不成立

---

[2] 译注：《等待戈多》，爱尔兰现代主义剧作家塞缪尔·贝克特的作品，荒诞派戏剧的代表作。

的，因为女子一直都是坐着的。因此，我们的实验设计者似乎更倾向于这个实际点儿的解释：高鞋跟总是会与偶像、超模以及诱惑力十足的女性形象联系在一起，它暗示了一种更加……开放的态度。作者另外指出（人们应该不会对他的话产生怀疑），尖尖的鞋跟是成人杂志和爱情片里那些美丽尤物的装备之一。

有一线希望吗？

灵魂与肉体，一个古老的话题。多年来，心理学家一直在探索情绪对身体感官的影响。人们发现，怀旧思乡的情绪除了能让人内心感到温暖，还能让人感觉室温升高；无力感会让行李箱变得更沉；内心的厌恶感——比如一次不公正的对待——会转化为身体上的厌恶，加剧味觉和嗅觉上的刺激反应（众所周知的一句话"这让我想吐"）。

2014年7月，《社会心理与人格科学》杂志刊登了一篇文章，一个中国—加拿大研究团队尝试验证精神与物质间的相互作用是否会影响另一种情感——希望，以及它的对立方——失望。因为在语言和集体想象中，这两种内心状态都用到了有光（人人皆知的"一线希望"）或无光（"黑暗，这是黑暗"，约翰尼就是这样唱的[1]）的表达方式。研究人员进行了一系列实验，来验证对那些绝望的人来说，世界是否真的比其他人看起来更加阴暗。

第一个实验中，他们将183名学生分为4组。学生们需要分

---

[1] 译注：约翰尼·哈里戴，法国著名摇滚歌星，这是他的代表作《黑暗，这是黑暗》的一句歌词。

别回忆并叙述所经历的一件充满希望的事，一件令他（她）失望或悲伤的事（用以证实这种失望／悲伤和前一种事情的效果是不同的），参照组的同学则需要讲述一件无关紧要的事，就是描述日常上课的一天（但愿大学生活既没让他们抱有希望也没让他们失望吧……）。随后，实验参与人员需要开始下一个任务：评估实验房间的特点，比如光照（这才是我们的重点）、舒适度和室温。总之，沉浸在失望情

"黑暗，这是黑暗"，约翰尼就是这样唱的。

绪中的学生与其他人相比，会觉得房间没那么明亮。另两个类似的实验在其他实验小组也获得了这个结果。

　　这之后，研究人员尝试从反方向探索这其中的联系，他们想知道周围环境的明亮程度是否会对实验群体的情绪产生影响。半数被试被安排在这样一个房间里，就像 B 级片[2] 里嫌疑人在警察局的场景，有 20 只灯泡，与此同时，另一半人的房间只有 4 只灯泡。他们询问学生对未来的感受，比如认为自己能否被梦想中的企业聘用，能否拿到一份好薪水，等等。他们将这些前景分为 1（我会从桥上跳下去）到 9 级（我会成为石油巨头）记录下来。结果如何呢？光照条件充分的环境中的受访者对未来的看法

_____

2　译注：指低预算拍出来的影片，是按制作投入的多少划分的等级，不是通常所说的电影分级。

远比另一批人要乐观。因此，实验人员认为，经济萧条时期，在号召老百姓节约用电之前一定要多考虑考虑，免得让他们更加绝望……

　　如果不提一下充满传奇色彩的"隧道尽头之光"，我们这篇故事是不能画上句号的。20 世纪 70 年代，期盼经济危机能尽快结束的雷蒙·巴尔[3]说自己察觉到了这道光，之后，这个表达方式就被马提尼翁宫[4]的历任主人模仿了个遍。如果这些勇敢的人看过一点《比比鸟与歪心狼》的故事[5]（一部绝佳的体现墨菲定律的动画片），他们就会知道，隧道尽头的光，其实是向我们冲过来的火车的灯光罢了。

---

[3]　译注：法国政治家，1972 年前曾担任欧洲共同体委员会副主席，在法国总统德斯坦执政时期任法国总理。

[4]　译注：马提尼翁宫位于法国巴黎 7 区，是法国总理的官邸。

[5]　译注：《比比鸟与歪心狼》，1949 年由华纳公司出品的系列动画片，讲述一只狡猾的狼一心要吃掉一只机智的鸟的故事。

给恶龙来点维生素 D

让人坐立不安的大结局终于出来了。在几个月的等待之后，彼得·杰克逊的《霍比特人》三部曲最终篇终于在影院上映了。《霍比特人》系列电影改编自约翰·罗纳德·瑞尔·托尔金著名的同名小说，熟悉他的人都管他叫 J.R.R.，因为连这些人都记不住他的全名。我们再也不用担心到夜不能寐、寝不能安了：魔法师甘道夫是否释放了邪恶索伦的爪牙？恶龙史矛革有没有被击败？霍比特人比尔博和他的矮人同伴们是否摆脱了嗜血成性的座狼骑兵？这些悬念实在是太折磨人了，所以我还是告诉你们吧，这几个问题的答案都是肯定的……

套路都是一样的：即使被数量上超过自己百倍的兽人和山妖军队围困，即使对方有恶龙和炎魔的助阵，即使庄家已经明说是一赔十的赔率，在魔幻文学中，正义的力量最终还是会战胜邪恶，魔王索伦的眼睛只能用来哭泣罢了。这个问题我们可以归因于创作习惯和道德需要，当然了，如果作者让善良的"小"主角躲过戒灵的封喉（甚至剖腹），书会卖得更好也是一个原因。但说不定这种完美结局的套路中还有更隐秘的想法呢。在托尔金与他笔

下这些同伴们的世界中，恶势力的灭亡会不会是因为某种生理缺陷呢？

这正是伦敦皇家学院（也称帝国理工学院）的尼古拉·霍普金斯医生想要研究的课题，也得到了他的儿子兼学生——约瑟夫的支持，他们充满英式幽默的研究成果被发表在了 2013 年的《澳大利亚医学日报》上。他们注意到，正如名字所暗示的，黑暗力量几乎是见不到阳光的，那是不是就意味着它们可能患有维生素 D 缺乏症呢？这种维生素是经太阳光中紫外线的照射，在皮肤组织中合成的。而这种维生素的缺乏会妨碍必要的钙质吸收，并引发多种疾病。

霍普金斯父子深入研读了托尔金的作品，以研究这些不同物种的生活方式和饮食习惯，因为从食物（特别是鲜肥的鱼肉）中也能获取维生素 D。他们按这些物种接受日照的时长和营养来源，制订出一套从 0 到 4 的指数体系。正义一方的指数通常是 3 或 4，而邪恶一方的指数都是一个显眼的 0。那食人魔呢？

恶势力的灭亡会不会是因为某种生理缺陷呢？

按照定义，它们永远不能暴露在阳光下，因为有被石化的风险。妖精对阳光下的生活更是深恶痛绝，所以它们总是在成群结队的蝙蝠笼罩之下行动。至于史矛革，在矮人的地下老城最深处守护着它的金山长达近两个世纪之久，维生素测试计的指示低得都找不到了。

　　所以，邪恶力量最终被干掉也就一点都不意外了：它们没有维生素针剂啊！不过文章的作者还是很谨慎的：这些怪物的生理构造几乎没人知道，所以并不能确定维生素 D 对它们的新陈代谢是否有那么重要的作用。想要使研究成果更完善，还是去问问妖精和恶龙吧。

巧克力里的一颗牙

农副产品加工业生产和销售的是对消费者没有危险的商品。不过，前提条件是消费者要合理地使用。法院可不会受理这些人的诉讼：比如，一些人眼角膜损伤是因为他们用眼睛来喝伏特加（真的，真的，这种事真的有）；又比如，开易拉罐或是啤酒瓶的时候，有些胆大无脑的人情急之下会把这个任务交给我们身体上某些本不具备这个功能的纯天然开口。这些将创造力与愚蠢完美混搭的奇闻轶事，我们暂时先放一边，在另一些例子中，食物就真的成了致命武器，让不幸的消费者与食品经销商势不两立。比如，几年前，乔治·W. 布什就险些因为一块椒盐脆卷饼窒息而死。那么，这些争端谁来处理呢？当然是科学了。

2012 年，《法医与法律医学报》刊登了一篇文章，其中提到的案例是一个巴西人在吃巧克力时咬断了门牙，于是找这一美味的生产商兴师问罪。鉴于是因为牙齿出血进了医院，他要求厂商赔付牙齿的医疗费。在诉状里，他附上了 3 件证物——两块牙齿碎片和"嫌疑犯"——巧克力，并断然拒绝由法院指派的牙医对其口腔进行鉴定。因此，巧克力生产商可以说是走投无路，不得不向圣保罗大学牙科医学院的 5 位研究人员求助。如果他们接受，那任务就是鉴定嫌疑巧克力是否能够造成上述牙齿的断裂。

对两块牙齿碎片的分析显示，"受害者"早就不是"新手"了，它已经经历过龋齿和牙医电钻的考验。然而，这还不足以说明是不是巧克力给了那致命的一击。与警方的调查方法一样，研究人员决定进行一次案件还原。首先，他们让厂家寄来一盒 20 块装的同款巧克力，并对其进行冷冻处理，以达到最坚硬的状态。实验时，巧克力的温度大约是 2 摄氏度。

为了完成场景再现，研究人员用丙烯酸树脂做了上下两个颌骨，种上 8 颗牙齿，上面 4 颗，下面 4 颗。研究人员并没有说这些牙齿是从谁那儿拔来的，但他们明确指出，这些牙齿有的是健全的，有的是有损伤的，以便能测试出各种可能出现的情况。然后，他们将巧克力塞进去，闭合颌骨。研究人员故意制造出对牙齿最不利的情况，

> 鉴定嫌疑巧克力是否能够造成上述牙齿的断裂。

将牙齿调整到咬合时最脆弱的角度。什么也没发生，没有一颗牙断掉。研究人员指出，要咬断这些冷藏的小糖块需要平均约 233 牛顿的力，而要弄断一颗牙齿，力度是这个力的 3 倍。

第一个结论：如果起诉人确实是在咬巧克力的时候弄断了牙齿，这颗牙肯定是早就坏掉了。第二个结论：每逢年末节假日，全法国大概要吃掉 35000 吨巧克力，你作为其中的一分子，请一定要好好刷牙。

用便便驱动太空飞船

未来的某一天，人类——希望这一次会有女性中奖——一定会再一次把足迹印到月球上。这可不只是为了收集几块石头，用吉普车散散步，拍几张纪念照而已。即使目前还没有一个确定的日期，一分钱预算也没有通过，好几个国家的宇航局或相关部门却都一个接一个启动了未来在月球表面设立长期太空基地的计划。那就不能不提几个后勤方面的问题，有些就比较粗俗，比如厕所和排泄物的问题。

肯定不能在"月亮村"上挖个大洞把排泄物埋进去，那跟狗处理便便有什么区别？还是捡起来吧。但是之后怎么办呢？很不幸，国际空间站的住户采用的方法在月球上是行不通的。他们是把排泄物累积起来，存放在前补给舱中，然后在舱体返回地球时，抛入大气层烧掉。如果那样的话，我们应该能猜得到，一年之后的月球，需要带回的排泄物总量可能会连累登月舱的起飞……

为了解决这个问题，美国国家航空航天局（NASA）几年前就和佛罗里达大学农业工程学专业的科研人员签署了合作协议。这些人的强项就是管理粪便和肥料。他们的任务是思考如何巧妙地对未来月球基地产生的粪便进行再处理。在农业垃圾循环利用

技术的启发下，他们拟订出解决方案并将其发表在了 2014 年 10
月的《太空研究前沿》上。这一方法旨在将粪便和垃圾（塑料包
装、饭菜残渣、纸、用过的毛巾、旧衣服、成人尿不湿——在执
行空间对接任务的过程中，总会有些"紧急情况"）装在一个无
氧生物降解装置里，让微生物将有机物分解，并转化成甲烷和二

氧化碳。简单地说，就是为未来的月球营地准备好一段人造结肠。

我们会惊讶——也许是失望——地了解到，由于在测试中使用了两种不同类型的煮解器（真的，专业术语就是这个词），研究人员并没有使用真正的粪便，我们只能猜测是因为原材料匮乏吧。他们用了一种替代品，一种模仿人类粪便组成、黏稠度和亲水性的混合物，由纤维素、聚乙二醇、花生油、矿物盐和一种酱料——味噌（没味道的那种）构成，在日本料理店里，这种酱料是用来佐汤的，它真正的作用终于被公之于众了。

> 为未来的月球营地准备好一段人造结肠。

实验证实，这种无氧生物降解装置可回收利用几百升水——不可饮用的——用时 1 年。研究人员特别指出，在宇宙飞船的返航之旅中，我们可以用 1 年时间生产出充足的甲烷来为飞船提供动力。有时，"黑金"[1] 是从地球内部喷出来的；有时，也会来自别的地方呢。

---

[1] 译注：此处指石油。

无关紧要却有利可图的狗狗专栏

这几天，爱丽舍宫来了一位新房客，总统迎接的贵宾是一只小狗。法国各大报纸——包括那些平日里不苟言笑的——纷纷奉上评论文章争相报道，因此，我们有理由猜测，这是个政治意义非凡的大事件。如此一来，人们就都忘了，新闻界神圣不可侵犯的规则——"只报道重要事件"，正受困于某些例外，典型的就是这个本无关紧要的狗狗专栏。甚至，在大西洋彼岸，编辑室里广为流传的一句格言就是"大家都喜欢狗狗的好故事"。

既然连那些德高望重的媒体机构都不愿意公开承认，它们最看重的还是有关狗狗——或者猫猫，它们也不排斥——跑了200千米回到将它们遗弃在高速路边的主人家中这类的报道带来的销量、点击率的增加或是"嗡嗡嗡"的关注度，那就应该想个办法，绕开这种"潜规则"，客观地审视这一现象。既然科学的责任就是对某一现象进行客观的评述，那当我们得知报纸对狗狗猫猫的热爱会成为研究目标时，也就不会感到惊讶了。这篇有趣的文章发表在2014年10月的《政治学与政治》杂志上，出自美国人之手。这是一篇讽刺意味十足的科研文章，所有手生的准编辑都应该好好读一读，以便擦亮眼睛，赶紧将那些理想化的善意，还有手放在胸口、声音微颤、在新闻院校里诵读的"我们的职业就是用笔揭开伤疤"的誓言统统抛到脑后，一个码字工的日常应该是听到主编对他大叫"可可，赶紧把这个故事给我凑两页纸出来，一只狗救了一个溺水儿童！相信我，这就是读者们想看的，我的烟斗都能猜到"。真的，这是本人的亲身经历。

为了衡量媒体上那些狗狗传奇的价值，也为了能更好地了解它们是如何在每天数以千计的文章中脱颖而出的，前面提到的文章的作者，来自洛杉矶大学和迈阿密大学的政治学研究人员，整理了刊登在《纽约时报》（熟悉的人都叫它 NYT）——全美乃至全世界的殿堂级报纸上的文章。他们挑选出 2000 年 1 月至 2012 年以狗狗为主角的文章，记下文章长度和在报纸上的位置——埋在专栏最底下，还是爬上最新一期的大标题。然后，以此为新闻标准，将这些信息与 10 家美国日报在同一天刊登的其他主题的报道相对比，统计其阅读量。

> 可可，赶紧把这个故事给我凑两页纸出来，一只狗救了一个溺水儿童！

结果并没有让他们惊讶，这些年来，他们早就注意到了媒体界资讯娱乐化（即信息与娱乐的混搭）的迅猛发展势头。当《纽约时报》最新一期的文章主角是一只"任丁丁"或一只"白雪"时——当然，一定是非常受欢迎的狗狗——相比同页是任何其他主题文章的《纽约时报》，其发行量会增加 2.2 倍。这阅读量竟然跟《纽约时报》头条新闻的阅读量平起平坐！人类的好朋友，一定也会是一位懒鬼记者的好朋友。

坏日子与看起来"有安全感"的脸

还是应该把他的名字完整地写出来，因为这位先生是值得尊敬和谨记的。他就是卡罗来纳海岸大学（位于美国南卡罗来纳州康威市）心理学教授特里·F. 佩蒂约翰。15 年来，他一直热衷于研究美国的社会经济状况与名模、演员、歌手的受欢迎程度以及他们的脸部轮廓之间可能存在的复杂关系。你没看过这份报告吗？那是因为你不知道这篇名为《环境安全假设》的文章，这是 1999 年佩蒂约翰教授与他的同事亚伯拉罕·泰瑟尔联名发表的。

他宣称，当所谓的环境威胁累积——包括经济大环境不景气的时候，人们偏好那种看起来觉得"有安全感"的脸，这样的脸透露出独立、力量、专业、成熟，甚至控制欲和狡猾，可以总结为一个消瘦的、小眼睛、下巴突出的形象。反之，随处可见一派歌舞升平、无忧无虑景象的时候，人们更喜欢那些青春年少的身体，娃娃脸——大眼睛，脸颊丰满，下巴圆润——这是热情、礼貌、忠厚、诚实的象征，只要不是幼稚就好。那不就是老好人的脸吗？

特里·F.佩蒂约翰一次次地为自己的观点寻找证据。首先，他需要把很多社会经济指标收集起来——失业率、收入、消费水平、死亡率和生育率、结婚率和离婚率、自杀率和他杀率，以确立困难时期的社会指标，"黄金三十年"[1]中的消极因素，以及石油危机和次贷危机后的积极因素。

这些脸圆体胖的半裸女郎在"好日子"里依然功勋赫赫。

然后，在 2004 年发表于《个人与社会心理学公告》杂志的文章中，他将这些经济指标与 1960 年至 2000 年美国男士杂志《花花公子》上的兔女郎的脸联系了起来。我们可以想象一下晚餐过程中的对话："你今天在实验室都做什么了，亲爱的？""——呃，我忙着看裸女的照片，测量她们脸和眼睛的尺寸。我能再来点花菜吗？"可是，即使结果没有那么意义非凡，这些脸圆体胖的半裸女郎在"好日子"里依然功勋赫赫。1932 年至 1995 年美国最受欢迎的 85 位女演员也与上述兔女郎一个待遇，这位心理学家也仔细分析了她们的面容，并将研究文章发表在了 1999 年的《媒体心理学》杂志上。

2014 年 12 月，佩蒂约翰先生用他刊登在《当代心理学》上的文章再次震惊了我们。这一回，他感兴趣的是乡村歌手的脸，

---

[1] 译注：第二次世界大战后，1945 年至 1974 年，大多数发达国家经济飞速发展的时期。

这些歌手是从 1946 年到 2010 年为止，由《滑板》杂志根据唱片销量和广播电台的收听人数评选出的榜单头名歌手。如此一来，研究就有点复杂了，因为获奖者……有时是个乐队而不是个人歌手。不过没关系，我们的心理学家分析了每位音乐人的脸部特性，并且特别"严谨地"算出了一个平均值。这一次，大部分艺术家都是男性，但这并没有撼动佩蒂约翰发表在《环境安全假设》上的文章观点的正确性。嘟嘟脸也好，肥肥脸也罢，如今的流行歌手的好日子都该感谢你们。可是，连牛都骨瘦如柴的那些年，歌手们的情况也一样啊！

香烟、研究员和漂亮姑娘

先生们——是的，这个故事是特别为男士们准备的，但女士们读了也可以从中获益，因为她们能够了解到另一半人类的内心原动力。先生们，在我被自己不合时宜地打断之前，我还是要提一句，现在离新年依然还算近，你们应该还没有把1月1日那天头脑一热做的好决定忘得一干二净吧：少抽烟，甚至，年轻的绝地[1]武士们啊，趁"原力"还在，彻底戒了吧。

总会有人跟你唠叨，这是毅力问题。而对于科学家和数据的爱好者而言，想戒烟就要让两个数据保持平衡：一个是尼古丁带来的短暂快感；另一个是我们戒烟能得到的长期利益，说到底就是对健康的好处。因此，这完全取决于我们愿意为未来付出多少努力。然而，2014年的一项实验表明，当男同胞们（是的，终于绕回到你们身上了）欣赏漂亮姑娘的照片时，他们就会贬低自己的未来，低估未来的重要性，就跟他们一想到"滚床单"这个词就自动开启"及时行乐"模式一样。结果早就得到了验证，我们

---

[1] 译注：绝地，《星球大战》科幻系列电影中的重要组织，学习、研究和利用一种被称为原力、存在于星战银河中的基本能力，主要武器是光剑。

都知道的，惦记着"滚床单"的男士们一般都会冲动行事：玩 21
点时会冒更大的风险，下注时出手会更阔绰，更容易跑去支援好
斗分子……

几位来自中国台湾的研究人员是这一观点的坚定拥护者，
2014 年 11 月，他们在《进化与人类行为》杂志上发表了一篇研
究文章，他们研究的主题是，这种短期效应是否也会出现在那些
决定戒烟的男士身上。为了得到答案，他们设计了一个实验，为
了向 20 世纪 50 年代的一部法国经典电影致敬，这个实验可以叫
作"香烟、研究员和漂亮姑娘"……他们召集了 76 位准备与香
烟"说分手"的男士，并且告诉他们，实验会持续至少半小时，
实验间隙允许他们到实验室旁边的吸烟室吸烟。

等待他们的是好几个任务。首先，他们要按 1 到 7 给姑娘们
的照片分级（1 级意味着
"没有最丑，只有更丑"，7
级的意思是"请帮我把舌
头放回嘴里，把眼睛放回
眼眶里"）。实验的巧妙之
处在于，这帮人被分成了

> 惦记着"滚床单"的男士
> 们一般都会冲动行事。

两组，一组只看漂亮女孩的照片，另一组则要欣赏，呃，怎么说
呢？——没怎么受老天爷眷顾的"作品"。随后，这些实验参与
人员要完成一项快速反应测试，按字体颜色给词语排序。其中 6
个词是与性吸引有关的（比如情侣、爱情、性……），另外 6 个

是中性的（书、办公室、不动产等）。此举是为了加深这些血气方刚的男同胞们脑子里的"冲动"印象。最后，他们还要完成一份与此前实验的内容毫无关系的调查问卷，其实只是为了混淆视听，真实的目的是拖延实验时间，好让他们多往吸烟室跑。

结果显示，欣赏丑姑娘照片组的被试平均每人只点了一支烟，而"正点"组平均每人抽了两支，与前一组人相比，他们好像早就把自己的戒烟决定抛之脑后了。先生们，如果你们真的决定要戒烟，就不要再订《花花公子》了吧。

枯燥科研论文创作贴士

这是发生在一位斯堪的纳维亚博士生身上的故事，他撰写了自己的第一篇科研论文。鉴于他的研究结果并不缺乏个性和幽默，情况就比较紧急了：文章的风格与实验操作所需的严格要求——"又烦人又无个性"格格不入，所以，公开发表希望渺茫。想让这位同学从各种创作规则、各种拗口又难懂的专业术语中摸索出做论文的标准体裁和必备的"万能钥匙"，并不是件容易的事，可这正是能让他的论文成功发表的关键。

正是因为这个真实的故事，丹麦生物学家凯加尼·桑德－詹森展开了一项趣味十足的研究，并将结果发表在了 2007 年的生态学杂志《家园》上。这位科学家可没忘了在文章中提到：大部分科研作品都非常难理解。他甚至确信："科学本应是有趣的、引人入胜的。当他们花了几个月的时间拿到经费，收集数据，计算，当一切准备就绪，只待将这激动人心的结果公开发表时，很不幸，最后的工序——编辑，实在是太难了。"另一方面，即使凯加尼·桑德－詹森没有说出来，但他也明白，"要么发表，要么灭亡"的政策迫使科研机构在笔杆子的作用面前牺牲了自己的品位。因此，为了帮助同事们打造论文，让行话满篇的"文字

堆"——这是行规——质量不再打折扣，我们的英雄列出了枯燥科研论文的 10 项创作法则以供参考。

1. 放烟幕弹（又称烟雾弹）。避免选择精准的研究角度，避免提出清楚的实验假设。宁可多问题、多理念、多关系，相互混杂。重要方面和细节论点都要做夸张处理。

2. 舍弃任何创新观点和个人见解。

3. 篇幅要长，不要觉得在初稿里花两页纸描述一块难消化的 16 寸阿尔萨斯奶油圆蛋糕有什么不妥。

4. 舍弃任何一个可能会开辟一条研究新路的想法。

5. 虽然我们都知道一幅好图示比大段的文字更给力，但请尽可能撤掉图解，尤其是那些看一眼就能懂的。另外，千万不要让读者知道一张好表格能让他们瞬间就搞明白。

科学本应是有趣的、引人入胜的。

6. 不要将每个推理步骤都展开。见鬼，看文章的人也总得干点活儿吧！

7. 尽可能多地使用技术用语缩写词。简而言之，讲同行密语。不能让各学科实现互联互通，要保证下一批学生跟你一样遭罪。

8. 放弃幽默，禁止使用现有词。如果你发现了一个新物种，请用一个既难读又难背的单词命名。

9. 生态学研究中，请将待研究的活体生物看作简单的数据，当成表格中的数字，省得你写出过于诗意的大作。

10. 万一你没能遵守以上 9 条法则，万一你的文章非常清晰透彻，那就塞些引文，让文章保持可接受的枯燥程度。

很显然，这些"绝妙"的法则对于新闻类院校的学生同样值得好好借鉴。

唔，这蝌蚪不错！

这是一段童年回忆，在法国洛泽尔省的一条公路边，有一个供过路人饮水的花岗岩饮水池，靠近一条小溪，水池里永远装满清凉的泉水，于是，青蛙就在里面产了卵。黑色的蝌蚪在里面成群结队地游动，我们喜欢捉几只靠近仔细观察，摸一摸它们胶质的皮肤，有时候也会吞一只，好检查一下它们的内部构造……这事很好办，这种小动物既没什么速度，也没有足够的灵敏度可以躲得过我们，是很容易得手的战利品。不过，真的这么容易吗？

作为无尾目动物的研究专家，理查德·瓦塞尔苏提出这个问题已经有40多年了。20世纪70年代初期，这位生物学家还是个年轻人，他到哥斯达黎加游学，有件事情让他产生了浓厚的兴趣。他发现，有些蝌蚪完全不惧怕捕食者，甚至敢明目张胆地结伴四处游弋，他不禁好奇，这些小动物是如何自我防卫的呢？他提出了一个假设，那就是，这些蝌蚪是不能吃的。鉴于很难向一条鱼或是一只鸟提这样的问题，理查德·瓦塞尔苏将目标瞄准在他身边唯一能说话的一种捕食者身上——和他一起旅行的学生以及带队的老师们。出于一个合理的实验动机，又因为这项研究会被发表在 1971 年的《美国自然学家》杂志上，这些人就接受了这个提议：把自己变成蝌蚪品尝者——当然了，是活的蝌蚪。

实验只用了 1 天时间。早晨，垂钓：他们抓了 8 个不同品种的蝌蚪，将其在淡水里放了几小时。下午，品尝。距离上一顿饭吃完已经过去两个半小时了，每个实验者都要远离他人来品尝自己的两栖动物大餐，纯粹是为了避免相互之间出现不凑巧的呕吐物干扰。同样，这些动物们被编了号码，因为它们的名字，比如泡蟾或者海蟾蜍，实在不怎么吸引人。

实验流程是这样的，首先蝌蚪要洗干净，然后品尝者将其放进嘴里，先不咬，让它挣扎 10 到 20 秒。之后从尾部开始下嘴，再咀嚼 10 到 20 秒。实验的最后几秒，要"狠狠地、全面地"咀嚼蝌蚪的整个身体：一口为了爸爸，一口为了妈妈，一口为了科学。但是，禁止咽下去。

有些动物，比如海蟾蜍，会分泌毒素，品尝者需要将其全吐出来，好好漱口，之后再品尝下一只。每一

－口为了爸爸，－口为了妈妈，－口为了科学。

次品尝完，都要给这道"哥斯达黎加特色菜"评级，从 1 级（唔，我能早点尝到就好了）到 5 级（给我吃的这是什么玩意儿？！）。

大家的意见是一致的，海蟾蜍的幼体，一种成百个幼体胶连在一起游动的蝌蚪，拿下了这份"倒胃榜单"的第一名。相反，品尝者都觉得有一种幼体味道不错，那就是堪称伪装专家的

青蛙——叶蛙，不过，它肠子里的东西另当别论。在结论中，理查德·瓦塞尔苏写道，实验验证了他的猜想，反映出他的见多识广，幼体越好吃，也就越胆小。作者最后感谢了这些勇于将味蕾贡献出来的男男女女。这是他绝对无法做到的事情，大家也请切勿模仿。

舔棒棒糖的物理学

在《棒棒糖》这首歌曲中，塞尔日·甘斯布[1]描述了一位名叫安妮的姑娘对这种小甜食的热爱："当茴香味的麦芽糖流进安妮的喉咙，她感觉自己身在天堂。"这首歌的演唱者是天真的法兰西·高尔[2]。提到棒棒糖，人们最常被问到的问题之一是，要想将一支棒棒糖舔完，湿湿的舌头需要舔多少下……无聊的问题吗？也不尽然，因为要回答这个问题就意味着要搞明白，舔舐动作是如何加快固体溶解的，这是一个复杂的物理过程，我们也会在自然界中遇到，涉及的范围非常广，比如说喀斯特地貌的形成，石灰岩在水流的作用下消失，形成广阔的地下岩洞和河道网络。

这种由液体与固体之间相互作用而产生的现象非常复杂：液体改变了固体的形状，反过来，固体又改变了液体的流态，等等。对于一个专门研究数学与地球流体力学[3]的美国专业团队而言，无

---

[1] 译注：法国歌手、作曲家、钢琴家、诗人、画家、编剧、作家、演员和导演，是法国流行音乐史上最重要的人物之一。

[2] 译注：20世纪60年代法国著名的流行歌手，《棒棒糖》这首歌的演唱者。

[3] 译注：流体力学的一个分支，研究地球以及其他天体上的自然界流体的宏观运动，着重探讨其中的大尺度运动的一般规律，是20世纪60年代发展起来的一门新学科。

论从实验影响还是研究结果上看，棒棒糖都是一个不可多得的实验模型，又小又便宜。2015 年 2 月，他们将这项研究成果发表在了《流体力学报》上，展示了一系列将这一过程可视化、模型化的实验。

在你们的想象中，也许会出现这样的一幕："亲爱的，爸爸要征用你这包珍宝珠棒棒糖。不管你信不信，爸爸是为了科学——这对你的牙齿也是件好事……"但不是的，研究人员可没有敲诈任何一个孩子，原因很简单：市场上售卖的棒棒糖并不是最好的固体，因为里面一般都含有气泡，这会影响实验效果。于是，我们的科学家们毫不迟疑，亲自动手，从糖果艺术入门知识开始学起，只为能制作出没有气泡、形状完美（球形和圆柱形）的棒棒糖。

然后，他们把棒棒糖放进加入微型颗粒的水流中，这样既能观察水流的运动，固体的溶解又不会受到干扰。结果令人吃惊：无论棒棒糖最初是球形还是圆柱形，最后都会变成相同的形状，即大写的字母 D。D 形凸起的弓形部位正对流体，被冲刷得非常光滑；D 形背面的扁平区域则布满小孔。将棒棒糖翻转过来后，会形成一个漩涡，水流在其影响下涌向后方，冲刷棒棒糖的背面，直至将它全部冲蚀干净。

研究人员认为，他们对棒棒糖物理学的探索对各种工业或医药领域的生产流程都有重大意义——想想看药片被服下后的溶解过程。尽管如此，他们并没有忘记回到最初的那个问题：安妮需要舔多少下才能让嘴里的东西变没，只剩那根棒棒糖棍呢？假设棒棒糖的直径是 1 厘米，舌头以 1 厘米 / 秒的速度运动，那差不多要舔 1000 次……

寻找蚂蚁公寓的 WC

德国雷根斯堡大学的生物学家托马尔·查克泽在研究蚂蚁时，将蚂蚁放在一个石膏做成的巢穴中，巢穴由 4 个小正方形的房间组成。一次实验中，他绕着这栋"房子"走了一圈，结果发现，这套微缩"四室一厅"里，每间屋子都有一个或几个面积一定的褐色斑点。这些看起来并不像蚂蚁平时在蚁穴外面堆的废物堆，因为屋子里面既看不到食物残渣，也看不到寿终正寝的工蚁尸体。托马尔·查克泽认为，这些斑点很有可能是堆积起来的排泄物。有没有可能是蚂蚁在它们的公寓里设置了厕所呢？

科普文章中并没有给出答案。这位生物学家感到非常惊讶，"针对排泄行为的研究几乎是零，不仅仅是蚂蚁，针对任何生物的都没有"，而他认为，这是"生活中非常重要的一部分"。大家不要笑，这牵扯到排泄物的管理问题，排泄物本来就是各种致病病原菌的载体。蚂蚁与人类这两个物种都是在有限空间内过着群居生活的社会性动物，这就使两个物种在面对疾病时非常脆弱，对各种卫生问题也非常敏感。

托马尔·查克泽与他的同事尤尔根·海因策、若阿齐姆·鲁特一起进行了一个小实验，并将结果发表在了 2015 年 2 月 18 日

的《公共科学图书馆·综合》期刊上。他们将 21 群花园里的黑蚂蚁放在同样数量的石膏巢穴中，全部放在一个大盒子里，让它们自己占领地、找食物。与此同时，研究人员在糖水中加入了一种抗消化着色剂，其颜色为漂亮的激光蓝或者没那么扎眼的玫瑰红。

两个月后，研究人员给蚂蚁搬了家，然后请了一位非专业人士来当观察者，并且未告知其实验目的。结果发现，每个巢穴里都有 1~4 个粉色或蓝色的斑点，通常都在——这可不是胡编乱造——角落里：如果房间里设置了厕所，我们肯定不会把排泄物放在大厅中间啊！

最初的假设得到了验证，但又产生了另外一个问题：蜜蜂会在蜂巢外飞行的过程中解决方便的问题，那为什么蚂蚁会把排泄物留在屋里，而不是像蜜蜂一样在外面解决掉呢？研究人员认为，这种厕所应该是能为蚁群带来好处的，可好处又是什么呢？他们在文章中给出了 3 种可能的解释：这些排泄物可能有抗菌的作用，比如在某些白蚁中就见过类似的情况；蚂蚁从这些排泄物中汲取盐分和养分来喂养幼蚁；蚂蚁用这些排泄物做肥料培养微小真菌，某些种类的蚂蚁是可以食用这些真菌的。

> 如果房间里设置了厕所，我们肯定不会把排泄物放在大厅中间啊！

　　托马尔·查克泽不想在这个死胡同里继续徘徊，他想通过其他实验来解开这个谜题，以便搞明白蚂蚁为什么会在那个位置排便。他在《洛杉矶时报》上说："不管怎样，我真的很喜欢看它们拉便便，要观察到这个过程是非常困难的。"咳咳，居然有人想看蚂蚁拉便便——生活总是要有个目标的。

好种马都有副粗嗓子？

与他人交谈是人类在日常社会生活中的一种基本行为。不仅是人类，语音交流对很多其他动物也同样重要。除了传递的信息和表达的情绪（激动、气愤、警告、恐惧等），动物们还从声音信号中破解出其他内容，比如发声者的身体情况和群体状况。雄鹿、树袋熊、大熊猫的声音传递的是体形数据，鬣狗和狒狒的声音透露的是其在种群中的地位，而人类则可以通过其他途径猜到对话者的年龄。

当然，还有与性有关的内容。比如，通过温柔的吼叫声，巴巴利猕猴就可以知道母猴是否正处于发情期。我们都知道，人类的"雄性种群"与它们是有共同之处的：2011 年《动物行为学》杂志上的一篇研究文章表明，女性生理期期间，"忠心耿耿"的男士们会发现她们的声音少了很多吸引力，即使她们不用刺耳的声音喊"倒次垃圾吧，哪怕就一次"。因此，动物学中就出现了这样一个问题：反过来也成立吗？比如，雄性的声音会不会"出卖"其生殖能力呢？

2015 年 2 月 25 日，《公共科学图书馆·综合》刊登了一篇文章，来自法国雷恩第一大学的研究团队对这一问题展开了研究，

他们的研究对象是，呃，在这方面最具代表性的动物：种马。在马这一物种中，当母马需要挑选一位性伴侣时，对某些种马会表现出明显异于其他种马的强烈兴趣。那么，是不是这些种马的声音决定了这个选择呢，是不是声音将它们强大的生殖力信息传递给了母马呢？

为了得到答案，研究人员分两步展开实验。实验的第一步，选取不同年龄、不同种、来自法国3个种马场的种马，当一匹母马被引至种马附近时，研究人员录下种马的叫声。每匹种马或兴奋或失落的 12 声嘶鸣都被记录在录音机里。然后，研究人员将每匹种马的叫声和精液质量一一对应。换句话说，就是尝试将它们的声音光谱图和精子分析像对应起来。结果发现：声音越粗，生殖能力就越强。

尝试将它们的声音光谱图和精子分析像对应起来。

实验的第二步，将十几匹母马引至一个3米×10米的围栏中。准备两个音箱，一个播放的是种马粗重的嘶鸣声，另一个播放的是尖细的嘶鸣声。录像显示，母马很明显地向前者靠近，而不是后者，即母马从嘶鸣声即可判断出哪些是精液质量上乘的种马。

我猜接下来的问题肯定让你心痒痒了：那么人类呢？其实关于这个问题的研究论文已经发表很多了。我记得其中的3篇。第一篇认为,声音粗与睾丸素的含量更高有关;第二篇认为,嗓音粗重的政治人物也会有强壮的身体和强大的统治力,也就更容易当选;最后,第三篇认为,中低嗓音的男人更有可能不忠诚。对比一下这 3 篇文章,就可以得出我们想要的结论了吧。

睫毛的空气动力学，真的假的？

我们的睫毛有什么用？在以下用途中，请勾选出你认为最合理的那一个：

A. 可以防尘，就像鼻孔里的鼻毛；

B. 防止汗液滴进我们的眼睛；

C. 让阳光变得柔和；

D. 神经器官，类似于猫的触须；

E. 为化妆品行业创造财富。

假如人们真的信得过市场上那些琳琅满目的"增长增密"睫毛膏，那它就不是虚假宣传，也不是一个胡编乱造的新词。

可惜，上述这几个假设的用途都缺乏有力的证据。2015年2月25日《界面》杂志刊登的一篇来自美国的研究文章显示，关于上述睫毛作用的提问，答案应该是睫毛会与空气相互作用。为了证明这一点，来自佐治亚理工学院的研究人员将一台计算机的排热扇改装成了一台微型鼓风机，然后将一只仿哺乳动物的假眼置于机器前，每次测试，他们都会改变睫毛的长度。假眼会通过人工方式保持湿润，并被放置在一台精度为0.1克的天平上，这样就能测出在什么样的情况下，眼泪的蒸发可以达到最大值。

　　研究人员将顺着睫毛吹过的气流、横穿过睫毛的气流以及到达眼部的气流模型化。此外，他们非常精准地测出了 22 种哺乳动物的眼睛尺寸和睫毛长度。当然，他们并没有无比执着地追着长颈鹿、北美负鼠、野猪或是黑猩猩这些动物东奔西跑，而是看上了这些动物不太好动，也不怎么咬人的替身，让你们知道也无妨，就是美国纽约自然博物馆和佐治亚州一位动物标本剥制师家里那些用稻草扎出来的标本而已。我试着在入选名单中找一类叫"人"的物种……结果白费力气，可能科研人员手上没有这个物种吧。有那么短暂的一瞬间，我以为我看到了"娇媚雌猫"（cougar）这个单词，但其实只是"美洲狮"（puma）而已——我也在想，用稻草扎出来的女人，他们要上哪儿找去呢 [1]。

　　测试结果：所有入选的哺乳动物，睫毛的长度大约是眼睛长度的 1/3。但是，实验和研究建模都显示，这是保护视觉器官抵御干涩的最有效比例。再短一点，睫毛就起不到屏风的作用；再长一点，睫毛形成的网状结构就如同一个圆柱体，将气流引向了眼角膜。当这一簇毛发的长度是眼睛长度的 1/3 时，

我们佩戴的假睫毛，通常都会比真睫毛更长更密，这就有可能加速眼部水分的流失。

就能形成一个气流停滞区，像盾牌一样，减少 50% 的泪液蒸发和

---

[1] 译注：法语中，cougar 与 puma 都有美洲狮的意思，但 cougar 还有另外一重含义，指追求年轻帅哥的熟女，因此才有"用稻草扎出来的女人"一说，是作者的讽刺。

微粒入侵。我们佩戴的假睫毛，通常都会比真睫毛更长更密，这就有可能加速眼部水分的流失。

对这个以大卫·胡为首的研究团队来说，这已经不是他们第一次发现哺乳动物身上的不变量了。2013 年，这个研究团队就曾发现，从猫到大象，从大猩猩到九趾犰狳，把膀胱排空的平均时长都是 21 秒。最近，大卫·胡的一位同事在《纽约时报》上提到，大卫·胡有一种与众不同的天分："在大家都能看到的东西上看到别人看不到的。"

喵喵大调协奏曲

在科研论文的"动物大全"中，我们会发现，很多研究都是关于音乐对动物的影响的。比如，音乐可能会促进母鸡大脑的生长——也许是因为那首著名的《小鸡也疯狂》吧，可相反的是，就算你给孩子们单曲循环播放这首歌，对他们也没什么作用——也许能让避难所里的狗安静下来。但必须要承认，效果也不是那么普遍的：对狒狒、大猩猩、马、羊，甚至鱼（但是不包括浣熊），实验都没有得到任何有说服力的结果。

在来自美国的 3 人研究团队——威斯康星大学的心理学家查尔斯·斯诺登和梅根·萨维奇，以及马里兰大学的音乐学家大卫·泰伊——看来，那应该是因为实验设计者们都没有考虑到动物们的听觉特性，而往往情况都是这样的：给动物们听莫扎特的音乐或贾斯汀·比伯的歌曲（啊，不！良心上说真不该这样）是不会有用的，因为它们感受到的频率和节奏与人类是不同的。

《动物行为学应用》杂志曾刊登过一篇文章：研究人员给猫听了两段音乐，节奏与它们的沟通系统相匹配。由于猫的声音比人类的更尖，所以曲子的音域要比我们的音乐平均高了两个八度。第一支曲子叫《科兹默的空气》，研究人员在其中加入了类似于

"喵喵"声和隐约的猫咪呼噜声的滑音。而第二支名叫《鲁斯第的民谣》，频率与小猫吃奶时的吮吸频率一致，它还包含了几种鸟叫声：如果你觉得不错，也可以把它当成一种音乐。因为考虑到还要取悦人类（通常，这些小猫都是"屈尊"与人类共处一室的），这些音乐都非常类似于冥想音乐。

音乐就绪，研究人员请来了47只年龄从5个月到19岁不等的猫咪，在它们的"猫屋"中安装了两个音箱，一个播放两首猫咪的音乐，另一个播放人类的音乐（既不是野猫乐队的歌，也不是流浪猫乐队的歌，而是弗雷的《哀歌》和巴赫的《G弦上的咏叹调》），以便进行对比[1]。来好好享受音乐吧！每次的实验过程都会被拍摄下来，用以观察猫的行为，清点它们有多少次将脑袋转向这个或那个音箱，并且靠近它，用鼻子闻，用爪子挠，发出呼噜声，或是离开猫屋，发出低吼声，弓起背……

实验结果一目了然。费里克斯[2]与同胞们对喵喵音乐表现出了一定的兴趣，而对弗雷和巴赫的音乐反应却很冷淡。文章的第一作者查尔斯·斯诺登认为，在这个崇尚动物福利保护的时代，给

---

[1] 译注：野猫乐队，20世纪60年代成立于法国的一支摇滚乐队；流浪猫乐队：20世纪70年代末成立于美国的一支乡村摇滚乐队；加布里埃尔·弗雷（1845—1924），法国著名作曲家和管风琴演奏家，被誉为"法国的舒曼"；约翰·塞巴斯蒂安·巴赫（1685—1750），德国作曲家，杰出的管风琴、小提琴、大提琴演奏家，被尊称为"西方近代音乐之父"，《G弦上的咏叹调》又名《G弦之歌》，是巴赫的代表作品之一。

[2] 译注：法国人对猫的另一种称呼。

我们长毛发的同伴、长羽毛的同伴甚至长鳞片的同伴播放它们的专属音乐完全是可以实现的事情。他预测："100 年后，需要告诉人们，音乐曾经是专属于人类的。"不过，如今在 FM 调频搜台时，我们已经有这种感觉，电台节目的受众已经不太像人类这一物种了。

注射了 LSD 的大象

"**不**正经的科学"的定义有两种。第一种，也是这本书一直以来的风格，即一种对科研方法提出疑问的幽默表达，以一些荒唐古怪的问题的形式呈现，比如，"天堂和地狱的温度是多少"。第二种定义要尖锐得多，即认为"不正经的科学"汇总的是我们本不应该进行的（而且也是不应该去再现的）科学研究。既然不是传统意义上的科学研究，那我们就有理由给大家讲讲这个著名但悲剧的实验，1962 年，3 名美国人给一头名叫塔斯科的亚洲象注射了一种效力强劲的精神致幻药——麦角酸二乙基酰胺，更为常见的名称是其英文名称的首字母缩写 LSD，它是一种毒品！

塔斯科和它的伴侣朱迪生活在俄克拉荷马城林肯公园内的动物园中。动物园主管沃伦·D.托马斯，还有两位当地大学的研究员路易斯·乔里昂·韦斯特和切斯特·M.皮尔斯，试图揭开大象的性冲动之谜———一种成年雄性大象才会有的疯狂行为。在性冲动的作用下，大象颞骨的开合处会分泌出浓稠的液体，它很快会变得易怒、暴躁，并且会袭击和破坏一切挡在它行进路上的东西。这一现象的原因依然未知，我们的这 3 位男了汉想知道，通过注射可让它疯狂的与上述浓稠液体同等剂量的 LSD，这种在当时，包括学术圈也非常流行的化学制剂，能否让塔斯科人为地达到性兴奋状态。

阿莱克斯·博思在其《酸性大象》（潘·博克斯出版社，2007）一书中是这样记录的，1962 年 8 月 3 日早晨，"实验人员都准备好了……桑托斯医药公司提供了 LSD 注射剂。现在就差一件事：搞清楚到底该给塔斯科注射多大剂量的 LSD。之前没有任何人给大象用过这种药物"。对一个正常人来说，0.1 毫克的 LSD 就足以产生强烈的迷幻作用，而塔斯科 3 吨的体重差不多是 40 个正常人的体重，可以想象几毫克的剂量应该是相当合理的。可是，研究人员又不想承担什么效果都没有的风险，所以他们决定给这个动物注射 297 毫克的 LSD，相当于一个正常人所能承受剂量的 3000 倍。

> 塔斯科似乎并不是要像它著名的小兄弟"小飞象丹波"那样飞翔。

很显然，在这种情况下，塔斯科很快就显现出虚脱的迹象。绕着围墙转了几圈后，它停了下来，身体开始晃动，两只后腿变软。发现塔斯科出现身体机能异样的情况后，朱迪靠近它，试图撑住它的身体。可几分钟后，塔斯科重重地向右侧摔了下去，全身痉挛，嘴巴张开，舌头呈蓝色，呼吸困难，眼睛歪向左边。塔斯科似乎并不是要像它著名的小兄弟"小飞象丹波"那样飞翔。

　　尽管尝试了一些微不足道的急救措施，这头大象还是在实验开始 100 分钟后窒息而亡。虽然结果如此悲惨，但有关这个实验的文章还是被发表在了著名的《科学》杂志上。除了这 3 位作者的不专业，塔斯科的尸体解剖没能证明任何其他结果，而文章结尾写道："大象似乎对 LSD 的药效特别敏感。"不想笑吗？可是真的笑不出来。